Programmieren lernen mit Computersp

Holger Junghardt
Programmieren lernen mit
Computerspielen
In Visual Basic 5.0/6.0

3. Auflage
Alle Rechte beim Autor
Herstellung: Books on Demand GmbH, Norderstedt
ISBN 978-3-8330-0148-8

Inhalt

Vorwort

Ich hatte vor meiner Karriere als Softwareentwickler schon einige Bücher zur Programmierung gelesen und diverse Kurse besucht. Jedoch konnte ich mich nie richtig für das Programmieren begeistern. Ich wusste einfach nicht, was ich programmieren sollte, es gibt ja schließlich sämtliche Software schon fertig von der Stange, und das natürlich in einer Qualität, die ein einzelner nie erreichen könnte. Und ich hatte keine Lust, die konstruierten Beispiele aus den Büchern nachzuvollziehen.

Allerdings spielte ich gelegentlich gerne Brettspiele und suchte im Internet nach Umsetzungen für Windows. Bei den meisten Spielen störte mich, dass diese entweder mit Funktionen aufgebläht waren (insbesondere mit Sounds und Grafikoptionen) oder einfach nicht meinen Vorstellungen entsprachen.

Endlich hatte ich ein Ziel und setzte mich mit einem umfangreichen Programmierhandbuch an den Rechner, um mir selber meine Spiele zu entwickeln. Nach den üblichen Frustrationen kam ich jedoch schnell vorwärts und nach einer Nacht war mein erstes Spiel fertig.
Genau dieses Erfolgserlebnis will Ihnen dieses Buch auch bieten. Anstelle akademisch Theorien über Algorithmen zu studieren oder sich mit umfangreichen Sprachelementen zu beschäftigen, bei denen man wegen ihrer Überzahl keine Lust mehr hat, diese praktisch auszuprobieren, werden Sie Ihr erstes Computerspiel selber programmieren.
Dabei werden Sie den Umgang mit Programmiertools lernen und ein Verständnis für die Logik des Computers entwickeln. Die Konzeption des Buches schließt dabei freilich einen Anspruch auf Vollständigkeit aus. Sie erhalten am Schluss aber eine Übersicht der wichtigsten Befehle sowie Hinweise für weiterführende Literatur und Recherchemöglichkeiten im Internet.

Mit dem aus diesem Buch erworbenen Wissen werden Sie schnell weitere Spiele programmieren können, die in die Größenordnung wie Minenfeld fallen. Erwarten Sie aber nicht zu viel von sich. Ein kommerzieller 3D-

Shooter wie D**m entsteht in einem Team mit verschiedensten Spezialis-
ten über viele Monate hinweg. Sie können ja auch keine Hollywood-Pro-
duktion mit Ihrer Videokamera drehen.
Viel Spaß am Gerät!

Holger Junghardt

1. Einführung

1.1 Voraussetzungen

Für dieses Buch benötigen Sie keine Vorkenntnisse in Programmierung. Lediglich Erfahrung im Umgang mit Windows sollten Sie haben.
An Hardwareausstattung sollten Sie mindestens einen Rechner mit einem Pentium-Prozessor besitzen. Softwareseitig sollte auf diesem ein 32-bit-Windows, also mindestens Windows 95, laufen. Außerdem benötigen Sie ein Programmiertool. In diesem Buch arbeite ich mit Microsoft Visual Basic in der Version 5.0. Die aktuelle Version 6.0 funktioniert ebenfalls, bei der neuen Sprachgeneration .net sind allerdings einige Besonderheiten zu beachten, auf die ich aber nicht eingehen werde.

Sollten Sie Visual Basic noch nicht besitzen, so reicht es vollkommen, wenn Sie sich die preisgünstige Standardversion besorgen, da wir keine Zusatzsteuerelemente für z.B. Datenbankzugriff benötigen.

Einige der Quelltexte des Buches erhalten Sie im Internet auf meiner Homepage www.junghardt.info unter der Rubrik BÜCHER. Versuchen Sie aber dennoch alle Beispiele selber nachzuvollziehen, denn beim Programmieren gilt das Prinzip „learning by doing". Vieles, was sich theoretisch kniffelig anhört, wird plötzlich ganz einfach, wenn man es selber einmal gemacht hat.

Quelltexte sind im Buch *kursiv* dargestellt. Sie können genauso eingegeben werden, wie sie erscheinen. <Tasten> werden in spitzen Klammern dargestellt. Menüoptionen erscheinen in GROßBUCHSTABEN.

1.2 Programmiersprache BASIC

Die Programmiersprache BASIC hat eine lange Tradition. 1964 wurde sie von Kemeny und Kurtz als Lehrsprache als eine Weiterentwicklung von Fortran und Algol entwickelt. Diese Sprachen orientierten sich stark an der

Mathematik und waren daher schwer zu erlernen. BASIC sollte dagegen eine leicht erlernbare Sprache werden, die für alle Zwecke eingesetzt werden konnte. Dies ergibt sich schon aus ihrem Namen, der ein Akronym ist: **B**eginnner's **A**ll-purpose **S**ymbolic **I**nstruction **C**ode.

Später wurde diese Sprache auf allen gängigen Heimcomputern, z.T. fest im Speicher, implementiert. Prominentestes Beispiel ist wohl der im Jahre 1982 erschienene Commodore C64. Hier musste nur der Rechner eingeschaltet werden und es konnte sofort programmiert werden.
Ein typisches Beispiel für ein damaliges BASIC-Programm könnte so ausgesehen haben:

10 PRINT "Hallo Welt!"
20 END

Dieses Programm gibt lediglich die Worte „Hallo Welt!" auf dem Bildschirm aus. Zeilennummern waren damals erforderlich, um im Programm zu springen. Dies wird heute durch andere Programmiertechniken realisiert, auf die wir eingehen werden. Sprünge sind heute als „Spaghetticode" verpönt, da diese schnell unübersichtlich werden.

1.3 Visual Basic

Als Lehrsprache hatte BASIC Mitte der 1980er seinen Platz an Sprachen wie Pascal abgegeben. Sie wurde nicht mehr Ernst genommen und galt als Spielzeugsprache für Homecomputer-Kids.
Ernst zunehmende Anwendungen wurden nur in C/C++ programmiert. Das Hauptproblem von BASIC war nicht etwa, dass sie zu wenig Möglichkeiten bot, sondern dass sie einfach zu langsam war. BASIC war bis dato eine Interpretersprache, was bedeutet, dass das Programm erst vom Computer übersetzt wird, wenn es läuft. Dies kostet viel Zeit. Denken Sie an Simultanübersetzer. Niemals wird ein Text so flüssig gesprochen werden können, als wenn dieser schon vorher übersetzt werden konnte.
Sprachen wie C/C++ sind Compiler-Sprachen und bieten genau diese Möglichkeit. Bevor das Programm läuft, wird es in eine für den Computer verständliche Sprache übersetzt.

1991 stellte Microsoft seinen Basic-Compiler „Visual Basic" vor. Visual Basic, kurz VB, hatte außer der Ähnlichkeit der Sprachelemente nicht mehr viel mit der Originalsprache BASIC gemeinsam. Neben der Geschwindigkeitsverbesserung durch Kompilierung unterstützte es insbesondere das ereignisorientierte Programmieren, auf dem im Grunde alle Windowsprogramme basieren. Näheres dazu später. Seit 1997 gibt es mit der Version 5.0 eine eigenständige Entwicklungsumgebung, die nur noch auf 32-bit-Betriebssysteme zugeschnitten ist.

2. Erste Programmierschritte

2.1 Das erste Programm

Starten Sie Visual Basic. Zunächst erscheint eine Abfrage, welche Art von Projekt erstellt werden soll. Wählen Sie unter der Rubrik „Neu" den Typ „Standard-EXE". Dies bedeutet, dass Sie Ihr Programm später kompilieren und dieses ohne die Visual-Basic-Entwicklungsumgebung laufen lassen können.

Es hat sich nun eine Anwendung mit einigen Unterfenstern geöffnet. Dies ist die oben erwähnte VB-Entwicklungsumgebung.

Oben sehen Sie die gewohnte Menüleiste und darunter einige Icons mit Symbolen. Wenn Sie dem Rand im Uhrzeigersinn folgen, kommen Sie zu einem Fenster „Projekt". Zur Zeit ist nur das „Project1" aktiv, das aus einem Formular, dem „Form1", besteht.

Darunter befindet sich das Eigenschaftenfenster. Im Moment werden die Eigenschaften für das Formular „Form1" angezeigt. Sie können gerne probeweise einige Eigenschaften verändern. Wählen Sie z.B. unter „Appearance" die Ansicht „2D" aus und sehen Sie die Veränderungen an dem in der Mitte dargestellten Formular.

Unten befindet sich das Direktfenster. Hier könnten probeweise einige Ausgaben zu Testzwecken gemacht werden.

Am linken Rand sehen Sie die „Werkzeugsammlung". Wir werden hier später einiges ausprobieren.

Klicken Sie nun im Menü unter ANSICHT den Eintrag CODE an. Es öffnet sich ein weiteres Fenster mit dem Titel „Project1 – Form1(Code)".
Im oberen Bereich sind zwei Listboxen untergebracht. In der linken steht „(Allgemein)" und in der rechten „(Deklarationen)".

Mit der linken Listbox können Sie die im Formular enthaltenen Objekte anzeigen lassen. Momentan befindet sich dort nur das Objekt „Form". Wenn Sie es auswählen, verändert sich die rechte Listbox. Hier erscheinen nun sämtliche Prozeduren des Objekts „Form".
Es hat sich noch etwas verändert. Im Textteil sind zwei neue Zeilen hinzugefügt worden:

Private Sub Form_Load()

End Sub

Diese Zeilen sind bereits Bestandteil des Quelltextes. Sie schließen eine Prozedur des Programms ein. Diese Prozedur wird immer dann ausgeführt, wenn Sie Ihr Programm starten. Da hier noch kein Inhalt eingegeben wurde, wird das Programm auch nichts machen.
Fügen Sie daher noch eine Anweisung ein, so dass die gesamte Prozedur „Form_Load" nun so aussieht:

Private Sub Form_Load()
MsgBox ("Hallo Welt!")
End Sub

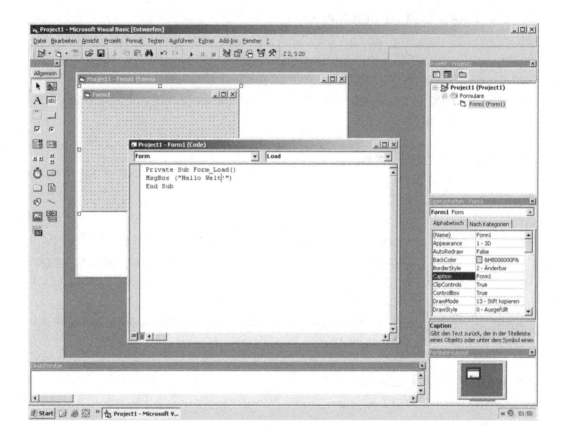

Die Groß-/Kleinschreibung spielt übrigens keine Rolle bei der Eingabe der Befehle, da die Entwicklungsumgebung diese automatisch korrigiert.

Dies ist ein fertiges, lauffähiges Programm. Es führt beim Starten die Prozedur „Form_Load" aus, welche eine Message-Box mit dem Text in der Klammer auf dem Bildschirm ausgibt.
Probieren Sie es aus. Gehen Sie im Menü unter AUSFÜHREN auf STARTEN oder drücken Sie einfach die Taste <F5>.

Es erscheint eine Message-Box mit dem Text „Hallo Welt!". Sie müssen den Button „OK" quittieren. Die Message-Box verschwindet und es öffnet sich ein leeres, graues Fenster. Dies ist das „Form1".

Das Programm ist noch nicht beendet, sondern wartet auf weitere Ereignisse, die wir aber noch nicht programmiert haben. Gehen Sie noch mal

14

in das Menü auf AUSFÜHREN. Jetzt ist der Eintrag STARTEN nicht mehr wählbar, das Programm läuft ja bereits. Dafür können Sie jetzt BEENDEN auswählen. Das Programm wird abgebrochen und es erscheint wieder die gewohnte Ansicht der Entwicklungsumgebung.

2.2 Das erste Programm wird erweitert

Windows-Programme sind ereignisorientierte Programme. Das bedeutet, dass sie ständig laufen und auf Ereignisse warten. Im Grunde ist das Betriebssystem Windows auch ereignisorientiert. Es wartet ständig auf Aktionen, z.B. einen Mausklick.

Bei unserem ersten Programm hatten wir auch schon ein Ereignis. Es war dies das Ereignis des Programmstarts. Hier wird die Prozedur „Form_Load" ausgeführt, die ja dann unsere Message-Box ausgegeben hat.

Wir wollen nun ein weiteres Ereignis hinzufügen. Es soll die Möglichkeit gegeben werden, das Programm zu beenden. Auf einen Knopfdruck soll eine Message-Box mit Warnhinweisen gezeigt werden, nach der Bestätigung des „OK"-Knopfes auf der Message-Box wird das Programm dann beendet.

Gehen Sie hierzu in die Werkzeugsammlung (am linken Rand) und klicken Sie doppelt auf das Symbol für „CommandButton" (wird als Tooltipp angezeigt, wenn man mit der Maus darüber fährt).
Auf dem Formular „Form1" ist jetzt das Steuerelement Command-Button mit der Aufschrift „Command1" eingefügt worden. Sie können den Command-Button beliebig verschieben und in seiner Größe verändern.

Klicken Sie den Button jetzt doppelt an. Es öffnet sich nochmals das Codefenster, in welchem eine neue Prozedur eingefügt wurde.

Private Sub Command1_Click()

End Sub

Diese Prozedur ist ebenfalls noch leer. Der Inhalt dieser Prozedur wird erst bei dem Ereignis „Click" ausgeführt, also immer dann, wenn der Button angeklickt wird.

Ergänzen Sie die neue Prozedur mit folgenden Befehlen :

MsgBox ("Programm wird beendet!")
End

Bei einem Mausklick auf den Button „Command1" wird zunächst eine Message-Box mit dem Text „Programm wird beendet!" ausgegeben, dann wird mit dem Befehl End das Programm beendet.

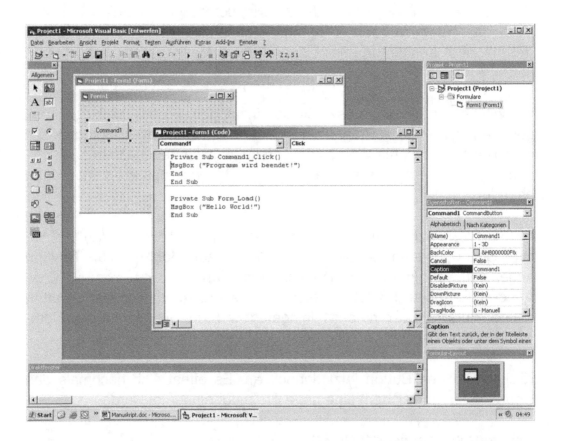

Wenn Sie das Programm neu starten (z.B. mit <F5>) wird zuerst die „Hallo Welt!"-Message-Box angezeigt. Nachdem diese quittiert wurde, erscheint das Formular „Form1" mit dem neu hinzugefügten Button. Ein Klick auf

16

diesen Button führt dann (nach Ausgabe der Message-Box) zum Ende des Programms. Ein manuelles Beenden wie bei dem vorherigen Beispiel (über das Menü AUSFÜHREN) ist nicht mehr nötig.

Verändern Sie nun die Beschriftung des Buttons. Hier gibt es 2 Möglichkeiten. Im Eigenschaftenfenster wählen Sie „Command1" aus und gehen zur Eigenschaft „Caption". Dort können Sie einen beliebigen Text eintragen.
Eine andere Möglichkeit, Eigenschaften von Steuerelementen zu verändern, gibt es im Programmcode.
Fügen Sie in „Form_Load" folgende Zeile ein:

Command1.Caption = "Ende"

Gerade bei Computerspielen ist es oft wichtig, die Eigenschaften eines Steuerelements während der Laufzeit verändern zu können.

Vielleicht haben Sie auch bemerkt, dass Ihnen Visual Basic eine Hilfestellung bei der Eingabe der letzten Zeile angeboten hat. Nachdem Sie „Command1." geschrieben hatten, öffnete sich automatisch eine Listbox, die Ihnen alle Eigenschaften und Methoden des Objekts „Command1" angeboten hat. Diese Hilfestellungen sind eine wesentliche Unterstützung beim Erlernen von Visual Basic.

Wir wollen unser „Hallo Welt"-Programm noch etwas verfeinern. Der Text „Hallo Welt" soll nicht mehr in einer Message-Box, sondern direkt auf dem Formular ausgegeben werden.
Der Text soll ferner erst auf Anforderung durch einen Button erscheinen. Zunächst benötigen wir ein neues Steuerelement aus der Werkzeugsammlung. Es ist das „Label" (beachten Sie den Tooltipp). Lassen Sie sich durch die Caption-Eigenschaft „Label1" nicht stören, wir werden sie in „Form_Load" verändern.
Fügen Sie jetzt einen weiteren Button auf dem Formular ein („Command2"). Klicken Sie auf diesen und Sie gelangen in das Codefenster mit dem Eintrag:

Private Sub Command2_Click()

End Sub

Hier fügen Sie folgende Zeile ein:

Label1.Caption = "Hallo Welt!"

Außerdem können Sie in „Form_Load" noch die Caption-Eigenschaft für Command2 ändern.
Das gesamte Programm sieht also so aus:

```
Private Sub Form_Load()
'MsgBox  ("Hallo Welt!")
Command1.Caption = "Ende"
Command2.Caption = "Schreibe Hallo Welt"
Label1.Caption = ""
End Sub

Private Sub Command1_Click()
MsgBox  ("Programm wird beendet!")
End
End Sub

Private Sub Command2_Click()
Label1.Caption = "Hallo Welt!"
End Sub
```

Sobald Sie das Programm gestartet haben und den Button „Command2" betätigen, erscheint auf dem Label „Label1" die Ausgabe von „Hallo Welt!".

Vor die Zeile mit der ursprünglichen Message-Box habe ich einen Apostroph („ ' ") eingefügt. Damit wird in Visual Basic ein Kommentar begonnen. Kommentare werden nicht als Befehle ausgeführt. Damit vermeiden wir also die Ausgabe der Message-Box zu Beginn des Programms, da wir ja jetzt eine elegantere Ausgabeform haben.

Eine kleine Schönheitsänderung könnten wir noch durchführen. Es stört, dass bei Ausführung des Programms „Form1" im Titel des Fensters steht. Ändern Sie dies im Eigenschaftenfenster. Zunächst selektieren Sie „Form1" und schreiben dann einen anderen Eintrag in die Caption-Eigenschaft (alternativ hätte man wieder in Form_Load eine Zeile hinzufügen können: Form1.Caption = "Hallo Welt")

Achtung: Zwar hat sich jetzt der Titel geändert, das Objekt heißt aber nach wie vor „Form1" und wird auch so angesprochen.

Jetzt soll unsere Arbeit noch gespeichert werden. Gehen Sie hierzu im Menü auf DATEI und dann unter PROJEKT SPEICHERN UNTER... . Zunächst wird das Formular in „Form1.frm" gespeichert, danach wird die Datei „Projekt1.vbp" angelegt. Es empfiehlt sich, den Projektnamen zu ändern (z.B. in „HalloWelt.vbp").

Zu guter Letzt erstellen wir noch eine ausführbare Datei, also eine Datei, die auch ohne die Entwicklungsumgebung läuft.

Gehen Sie nochmals in das Menü DATEI und wählen Sie den Menüpunkt HALLOWELT.EXE ERSTELLEN (bzw. PROJEKT1.EXE ERSTELLEN, falls Sie den Namen des Projekts nicht geändert haben) aus.

Jetzt wird eine neue Datei namens „HalloWelt.exe" angelegt. Gehen Sie in den normalen Windows-Explorer und rufen diese Datei (sie ist als „Anwendung" gekennzeichnet) auf. Es erscheint unser Programm, auch ohne die VB-Entwicklungsumgebung.

Dieses Programm können Sie nun beliebig auf anderen Rechnern laufen lassen, auch wenn Visual Basic dort nicht installiert ist. Allerdings wird eine weitere Datei benötigt, die Laufzeit-Module für Visual Basic enthält. Für Visual Basic 5.0 ist dies die Datei „MSVBVM50.DLL" (für die Version 6.0 „MSVBVM60.DLL"), die sich aber von Haus aus auf den modernen Windows-Systemen befindet (im Ordner „/Windows/System32/").

Sie haben jetzt die wichtigsten Grundlagen für den Umgang mit Visual Basic kennen gelernt, ohne jedoch „richtig" programmiert zu haben.

Im nächsten Abschnitt lernen Sie noch einige Grundlagen der Programmierlogik kennen, bevor wir mit unserem ersten Spiel beginnen werden.

Diese sehr kurz gehaltene Einführung ist keinesfalls vollständig, sondern soll Ihnen nur ein Grundverständnis ermöglichen.

2.3 Grundlagen der Programmierung

Bei der Programmierung gibt es 3 Grundkonstrukte: die Folge, die Verzweigung und die Wiederholung. Wir werden diese an kurzen, übersichtlichen Beispielen kennen lernen.

2.3.1 Folge

Zur Folge gibt es nicht mehr allzu viel zu sagen. Wir haben sie im Grunde schon im vorherigen Abschnitt kennen gelernt. Es wird einfach ein Befehl nach dem anderen ausgeführt.
Es folgt ein kleines Beispiel, das Sie mit dem Umgang mit Variablen vertraut machen soll.
Geben Sie dieses Beispiel in einem neuen Projekt unter „Form_Load" ein:

```
Private Sub Form_Load()
Dim a As Variant
Dim b As Variant
a = 5
b = a * a
MsgBox (b)
End Sub
```

Die Ausgabe in der Message-Box ist 25. Zunächst wurden die Variablen a und b als Datentyp Variant definiert. Anschließend wurde a der Wert 5 zugewiesen. Schließlich erhielt b den Wert des Produktes aus a * a, also 5 * 5 = 25.

Variablen speichern also Werte. Diese Werte können beliebig ausgetauscht werden. Variablen müssen jedoch vor ihrer Verwendung dem Programm bekannt gemacht werden. Wir haben hier den einfachsten, weil universellsten Datentyp von Visual Basic verwendet. Der Datentyp Variant kann beliebige Inhalte aufnehmen, also nicht nur Zahlen, sondern auch Zeichen und ganze Zeichenketten.

Bei der Deklaration von Variablen, die den Datentyp Variant haben, reicht es auch aus, nur den Befehl Dim zu verwenden. Visual Basic weist dann den Variablen automatisch den Wert Variant zu. Man hätte also auch nur schreiben können:

Dim a
Dim b

bzw. noch kürzer:

Dim a, b

Wir werden bei der Erstellung unseres Spieles noch mit anderen Datentypen arbeiten, außerdem finden Sie eine Übersicht aller wichtigen Datentypen im Anhang.

2.3.2 Verzweigung

Mit einer Folge von Befehlen können schon viele Aufgaben mit einer Programmiersprache gelöst werden. Manchmal ergibt sich aber das Problem, je nach Ablauf des Programms unterschiedliche Ergebnisse haben zu wollen. Denken Sie beispielsweise daran, dass Sie eine Meldung in Abhängigkeit eines Punktestandes ausgeben wollen, ob man verloren oder gewonnen hat.
Der Punktestand sei in der Variablen „Punkte" gespeichert. Hat der Spieler mehr als 10 Punkte erreicht, so hat er gewonnen, andernfalls verloren. Wir betrachten folgendes Beispiel in „Form_Load":

```
Private Sub Form_Load()
Dim Punkte as Variant
Punkte = 10
If Punkte > 10 then
  MsgBox ("Gewonnen")
  Else
  MsgBox ("Verloren")
End If
End Sub
```

Der Spieler hat 10 Punkte erreicht. Gewonnen hat er aber erst bei mehr als 10 Punkten (Punkte > 10), daher ist die Ausgabe hier „Verloren". Beachten Sie, dass die Abfrage einer Bedingung immer mit End If beendet werden muss.

Angenommen, man hat mehrere Ergebnisse. Beispielsweise möchte man in Abhängigkeit einer Punktezahl gewisse Bewertungen ausgeben. Denken Sie an Schulnoten.
Hier gibt es ein weiteres Sprachkonstrukt, das die Arbeit erleichtert:

```
Private Sub Form_Load()
Dim Note As Variant
Note = 4
Select Case Note
  Case 1
   MsgBox ("sehr gut")
  Case 2
   MsgBox ("gut")
  Case 3
   MsgBox ("befriedigend")
  Case 4
   MsgBox ("ausreichend")
  Case 5
   MsgBox ("mangelhaft")
  Case 6
   MsgBox ("ungenügend")
  Case Else
   MsgBox ("Note ungültig")
End Select
End Sub
```

Hier wurde eine Note, nämlich 4 vorgegeben. Das Programm prüft nun den Wert der Note und gibt die entsprechende Bewertung in einer Message-Box aus. Sollte kein gültiger Wert für eine Note vorhanden sein (also nicht zwischen 1 und 6), so wird eine Bemerkung ausgegeben.

Die Select-Case-Anweisung ist lediglich eine Vereinfachung bei Mehrfachentscheidungen. Man könnte sie ohne weiteres auch auf mehrere If-Abfragen aufteilen:

```
Private Sub Form_Load()
Dim Note As Variant
Note = 4
If Note = 1 Then MsgBox ("sehr gut")
If Note = 2 Then MsgBox ("gut")
If Note = 3 Then MsgBox ("befriedigend")
If Note = 4 Then MsgBox ("ausreichend")
If Note = 5 Then MsgBox ("mangelhaft")
If Note = 6 Then MsgBox ("ungenügend")
If Note < 1 Or Note > 6 Then
   MsgBox ("Note ungültig")
End If
End Sub
```

Wie Sie sehen, ist hier mehr Schreibarbeit erforderlich.
Insbesondere bei der letzten Bedingung mussten wir eine sehr detaillierte Abfrage machen. Sie sehen hier, dass mehrere Bedingungen mit logischen Operatoren verknüpft werden können. Weitere Beispiele für die Verknüpfung von Bedingungen folgen später.

Außerdem erkennen Sie noch eine Besonderheit. Nur die letzte Abfrage wurde mit End If abgeschlossen. Dies hängt damit zusammen, dass diese Abfrage aus mehreren Zeilen besteht. Die anderen If-Abfragen wurden alle in einer Zeile behandelt.
Vielleicht haben Sie auch bemerkt, dass die Befehle innerhalb der längeren If-Abfrage etwas eingerückt waren. Dies habe ich absichtlich gemacht, um die Lesbarkeit zu erhöhen, erforderlich ist das jedoch nicht.

2.3.3 Wiederholung

Angenommen, Sie wollen eine Liste aller Quadratzahlen von 1 bis 10 ausgeben.
Eine Möglichkeit wäre, mit einer Befehlsfolge zu arbeiten. Dies würde so aussehen:

```
Private Sub Form_Load()
Dim a, b
a = 1
b = a * a
Debug.Print a, b
a = 2
b = a * a
Debug.Print a, b
a = 3
b = a * a
Debug.Print a, b
a = 4
b = a * a
Debug.Print a, b
a = 5
b = a * a
Debug.Print a, b
a = 6
b = a * a
Debug.Print a, b
a = 7
b = a * a
Debug.Print a, b
a = 8
b = a * a
Debug.Print a, b
a = 9
b = a * a
Debug.Print a, b
a = 10
```

```
b = a * a
Debug.Print a, b
End Sub
```

Wir haben hier mit der Anweisung Debug.Print gearbeitet. Sie gibt alle Ausgaben im Direktfenster (ganz unten) aus. Diese Anweisung ist ideal, um bei der Erstellung eines Programms schnell den Wert einiger Variablen abzufragen.

Durch das Komma zwischen a und b wird ein kurzer Abstand zwischen die beiden Werte eingefügt.

Die Ausgabe im Direktfenster sieht für das obige Beispiel so aus:

```
1      1
2      4
3      9
4      16
5      25
6      36
7      49
8      64
9      81
10    100
```

Die gleiche Ausgabe erreichen Sie auch mit folgendem Programm:

```
Private Sub Form_Load()
Dim a, b
For a = 1 To 10
  b = a * a
  Debug.Print a, b
Next a
End Sub
```

Die gleiche Arbeit wird hier mit viel weniger Aufwand erledigt. Erreicht haben wir dies mit einer For-Next-Schleife.

Im ersten Beispiel haben wir stets nach dem gleichen Muster geschrieben:

```
a = 1
b = a * a
Debug.Print a, b
```

Im nächsten Schritt wurde dann ein neuer Wert für a angegeben und die gleiche Folge wiederholt. Diese Wiederholung übernimmt im zweiten Beispiel die For-Next-Schleife.
Im Mittelteil der Schleife steht genau die gleiche Anweisung:

```
b = a * a
Debug.Print a, b
```

Doch wo bleibt die Zuweisung des Wertes an a? Dies geschieht im Schleifenkopf:

```
For a = 1 to 10
```

a erhält also zunächst den Wert 1. Wenn der Mittelteil der Schleife abgearbeitet ist, kommt der Befehl Next a. Dieser springt zurück zur Zeile For a = 1 to 10. a wird also um 1 erhöht und der Schleifenmittelteil erneut durchlaufen. Dies geschieht solange, bis a größer als 10 ist.

Die For-Next-Schleife enthält also ebenfalls eine Bedingung. Könnte man eine Schleife nicht auch nur mittels einer If-Abfrage konstruieren? Probieren wir es aus:

```
Private Sub Form_Load()
Dim a, b
a = 1
beginn:
b = a * a
Debug.Print a, b
a = a + 1
If a <= 10 Then GoTo beginn
End Sub
```

Dieses Programm führt zum gleichen Ergebnis, verwendet jedoch den Sprungbefehl GoTo, der eigentlich nicht verwendet werden sollte, da er zu unübersichtlichem Code führt.

Was passiert in diesem Programm?
Zunächst wird der Wert von a auf 1 gesetzt. Jetzt kommt die Sprungmarke „beginn:". Es folgt die Berechnung der zweiten Potenz von a und es werden a und b im Direktfenster ausgegeben.
Die nächste Zeile erscheint etwas verwirrend. a=a+1 bedeutet, dass der Variable a ein neuer Wert zugewiesen wird. Angenommen, das alte a hat den Wert 2. Jetzt wird dem neuen a der Wert 2 + 1 zugewiesen. Das neue a ist 2 + 1.
Anschließend kommt die Abfrage, ob sich a noch im gewünschten Bereich befindet. Dies ist der Fall, solange a kleiner oder gleich 10 ist. Wenn dies der Fall ist, springt das Programm zurück zur Sprungmarke „beginn:", andernfalls wird es beendet.

Es gibt in Visual Basic noch andere Arten von Schleifen, die dieser Denkweise aus dem letzten Beispiel näher kommen. Sehen Sie sich folgendes Programm an:

```
Private Sub Form_Load()
Dim a, b
a = 1
Do
  b = a * a
  Debug.Print a, b
  a = a + 1
Loop While a <= 10
End Sub
```

Auch dieses Programm gibt die gewünschte Tabelle aus, entspricht aber sauberer Programmierung. Es ist dem Programm mit dem GoTo-Sprung sehr ähnlich, verwendet jedoch eine Do-Loop-Schleife. Auch hier muss sich der Programmierer selber um die Erhöhung der Laufvariablen a kümmern, die Abbruchsbedingung ist jedoch Teil der Schleife.

Der Mittelteil befindet sich zwischen den Befehlen Do ... Loop While a <= 10.

Neben dieser Form der Do-Loop-Schleife gibt es noch andere Versionen, auf die ich aber später eingehen werde.

Zum Abschluss noch ein Wort zur Variablendeklaration. Was ich bislang verschwiegen habe, ist die Tatsache, dass Visual Basic es einem nicht übel nimmt, wenn man die Deklaration einer Variable vergisst.

Stellen Sie sich folgendes Beispiel vor. Ein Programm soll abhängig von der Punktezahl enden. Dies könnte so aussehen:

```
Private Sub Form_Load()
Punkte = 11
If Pukte > 10 then
   End
End if
End Sub
```

Auf den ersten Blick würden wir erwarten, dass das Programm abbricht, da der Punktestand mit 11 Punkten größer als die Bedingung „Punkte > 10" ist. Wir haben allerdings anstelle „Punkte" nur „Pukte" geschrieben. Das Programm wird endlos weiter laufen und die Fehlersuche kann ärgerlich viel Zeit kosten.

Bei folgender Version wird das Programm beim ersten Testlauf eine Fehlermeldung ausgeben:

```
Option Explicit
Private Sub Form_Load()
Dim Punkte
Punkte = 11
If Pukte > 10 Then
   End
End If
End Sub
```

28

Was ist hier anders? Zunächst einmal haben wir die Variable Punkte als Variant deklariert.

Dies war auch erforderlich, da wir als erste Zeile den Befehl Option Explicit eingefügt haben. Dieser zwingt uns dazu, alle Variablen vorher zu deklarieren.

Der Compiler merkt nun, dass „Pukte" noch nicht deklariert wurde. Er moniert dies und wir werden auf den Fehler aufmerksam.

Der Befehl Option Explicit muss im Allgemeinteil eines Formulars eingefügt werden. Sie kommen dorthin, wenn Sie im Codefenster in der Listbox für Objekte (die linke Listbox) den Punkt „(Allgemein)" auswählen.

Nach dieser einführenden Übersicht können wir beginnen, unser erstes Computerspiel selber zu programmieren.

3. Das Computerspiel „Gedächtnis"

3.1 Vorüberlegungen

Gedächtnis ist ein bekanntes Brettspiel mit Spielkarten. Bei einer gegebenen Anzahl von Karten finden sich jeweils zwei gleiche Karten. Also bei einer Gesamtmenge von beispielsweise 20 Karten gibt es 10 Paare.
Diese Karten werden jetzt gemischt und verdeckt (mit der Bildseite nach unten) auf den Tisch gelegt. Der Spieler darf jeweils zwei Karten gleichzeitig umdrehen und nachsehen, ob er ein Paar aufgedeckt hat. Ist dies der Fall, so darf er die beiden Karten aus dem Spielfeld nehmen, andernfalls muss er diese wieder zudecken und darf erneut zwei Karten aufdecken.
Da die Paare innerhalb möglichst weniger Züge gefunden werden sollen, muss man sich die Position der einzelnen Werte merken, wenn man zwei unpassende Karten ausgewählt und diese wieder verdeckt hat.

Wir wollen dieses Spiel jetzt mit Visual Basic umsetzen. Es sollen insgesamt 20 Karten vorhanden sein. Der Ordnung halber sollen diese auf einem 5 x 4 großen Feld angeordnet werden. Wir wollen für unsere Karten zunächst Zahlen verwenden, für 10 Paare die Ziffern 0 bis 9.
Der Spieler soll jeweils 2 Felder anklicken können, diese werden ihm dann gezeigt. Hat er ein Paar gefunden, so sollen diese Felder unsichtbar, andernfalls wieder verdeckt werden.
Außerdem sollen die Züge insgesamt und die gefundene Anzahl der Paare angezeigt werden.

3.2 Konstruktion der Spieleoberfläche

Das Schöne an Visual Basic ist, dass man sehr schnell eine Programmoberfläche mittels der Entwicklungsumgebung erstellen kann, ohne irgendetwas programmieren zu müssen.

Starten Sie ein neues Projekt und speichern Sie es als „Gedächtnis.vbp" ab.

Nun bearbeiten wir unser Programmfenster „Form1". Ändern Sie zunächst die Caption-Eigenschaft im Eigenschaftenfenster in „Gedächtnis".

Jetzt fügen wir einen Button ein, um das Spiel zu starten („Command1"). Ebenfalls benötigen wir einen Button, um das Spiel zu beenden („Command2").

Platzieren Sie beide Buttons irgendwo am unteren Rand von „Form1". Ändern Sie dann im Eigenschaftenfenster die Caption-Eigenschaften der beiden Buttons. Command1.Caption soll „Start" heißen, Command2.Caption „Ende".

Außerdem werden zwei Labels benötigt, um die Anzahl der Züge und die Anzahl der gefundenen Paare zu finden („Label1" und „Label2").

Jetzt soll das Spielfeld aufgebaut werden. Wir werden hierzu 20 Felder benötigen. In diesem Beispiel wollen wir das Spielfeld ebenfalls mit Command-Buttons erstellen.

Fügen Sie aus der Werkzeugsammlung einen weiteren Command-Button ein. Dieser müsste jetzt „Command3" heißen, da wir „Command1" und „Command2" schon verwenden.

Gehen Sie jetzt bitte in das Eigenschaftenfenster und ändern Sie folgende Eigenschaften für „Command3":

(Name)	Feld
Caption	leer
Height	735
Style	1 – Grafisch
Width	735

Platzieren den Button irgendwo im linken oberen Eck von „Form1". Der Button wird jetzt nicht mehr mit „Command3", sondern mit dem neuen Namen „Feld" angesprochen.

Wir benötigen jetzt noch 19 weitere Buttons, die ebenfalls die selbe Größe und als Style „Grafisch" haben, um ihre Farbe ändern zu können. Es wäre sehr mühsam, die gleichen Schritte noch 19-mal zu wiederholen. Markieren Sie daher den Button „Feld" und wählen Sie im Menü unter BEARBEITEN den Unterpunkt KOPIEREN. Nun wählen Sie im selben

Menü die Funktion EINFÜGEN. Die Entwicklungsumgebung gibt jetzt einen Warnhinweis aus: „Ein Steuerlement hat bereits den Namen 'Feld'. Wollen Sie ein Steuerelementfeld erstellen?"

Bestätigen Sie bitte diese Abfrage mit „Ja".

Am linken oberen Rand von „Form1" wird ein neuer Command-Button mit dem Namen „Feld(1)" eingefügt. Der erste Button „Feld" wird in „Feld(0)" umbenannt. Verschieben Sie „Feld(1)" so, dass er rechts neben „Feld(0)" zum liegen kommt.

Wiederholen Sie diese Prozedur bitte solange, bis Sie „Feld(19)" als letztes angelegt haben.

Das Feld sollte jetzt so angeordnet sein:

Feld(0)	Feld(1)	Feld(2)	Feld(3)	Feld(4)
Feld(5)	Feld(6)	Feld(7)	Feld(8)	Feld(9)
Feld(10)	Feld(11)	Feld(12)	Feld(13)	Feld(14)
Feld(15)	Feld(16)	Feld(17)	Feld(18)	Feld(19)

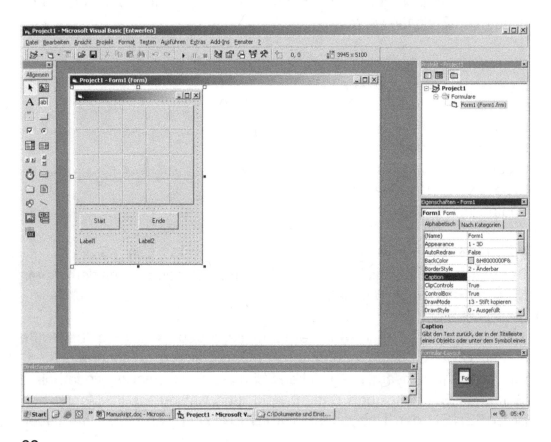

Damit ist die Spieleoberfläche fertig. Sie können sie gerne einmal probeweise starten (z.B. mit <F5>). Das Spiel wird so aussehen, allerdings sind
noch keine Funktionen implementiert.
Vergessen Sie nicht zu speichern.

3.3 Entwicklung des Programmcodes

3.3.1 Spielfeld

Wir müssen jetzt die Command-Buttons „Feld(0-19)" mit jeweils zwei
Werten zwischen 0 und 9 belegen.
Zunächst wählen wir zu Testzwecken eine ganz einfache Konstruktion:
wir belegen das Feld mit festen Werten.
Dazu konstruieren wir eine eigene Prozedur. Gehen Sie dazu in das
Codefenster und setzen Sie den Cursor auf eine freie Stelle weiter unten.
Geben Sie hier ein : Private Sub feldinit()
Die Entwicklungsumgebung fügt automatisch ein End Sub ein. Damit
haben wir den Rahmen für unsere eigene Prozedur „feldinit" konstruiert.
Jetzt belegen wir die Felder mit beliebigen Werten:

```
Private Sub feldinit()
Feld(0).Caption = "4"
Feld(1).Caption = "7"
Feld(2).Caption = "3"
Feld(3).Caption = "1"
Feld(4).Caption = "0"
Feld(5).Caption = "2"
Feld(6).Caption = "4"
Feld(7).Caption = "5"
Feld(8).Caption = "6"
Feld(9).Caption = "7"
Feld(10).Caption = "9"
Feld(11).Caption = "8"
Feld(12).Caption = "6"
Feld(13).Caption = "3"
Feld(14).Caption = "0"
Feld(15).Caption = "9"
```

```
Feld(16).Caption = "5"
Feld(17).Caption = "8"
Feld(18).Caption = "2"
Feld(19).Caption = "1"
End Sub
```

Eine nicht gerade elegante, dafür aber einfache Methode, ein erstes Test-feld zu erhalten.

Unsere eigene Prozedur muss aber auch noch aufgerufen werden. Noch besteht kein Ereignis, das diese Routine aufruft.
Es ist naheliegend, diese mit dem Startbutton „Command1" zu verknüp-fen.
Öffnen Sie die linke Listbox im Codefenster. Dort müssten folgende Ein-träge erscheinen:

(Allgemein)
Command1
Command2
Feld
Form
Label1
Label2

Klicken Sie auf „Command1". Es wird automatisch die Prozedur „Click" ausgewählt.
Außerdem wurden im Code folgende neue Zeilen eingefügt:

```
Private Sub Command1_Click()

End Sub
```

Diese Prozedur wird ausgeführt, wenn Sie auf den Startbutton klicken. Aber unsere Feldinitialisierung steht in „feldinit". Also muss „feldinit" auf-gerufen werden. Dies geschieht, in dem Sie den Befehl Call feldinit in „Command1_Click()" einfügen:

```
Private Sub Command1_Click()
Call feldinit
End Sub
```

Starten Sie das Programm, drücken Sie den Startbutton und betrachten
Sie das Resultat. Sie haben jetzt ein Spielfeld mit insgesamt 10 verschie-
denen Zahlenpaaren.
Die Schrift könnte etwas größer sein. Fügen Sie folgenden Befehl in die
Prozedur „feldinit" ein:

```
Dim i As Integer
For i = 0 To 19
  Feld(i).Font.Size = 16
Next i
```

Diese Schleife ändert die Schriftgröße in allen 20 Command-Buttons
Feld(0-19) in die Größe 16 Punkte.
Die Schleifenzählvariable i habe ich extra noch deklariert. Sie hat nicht wie
gewohnt den Datentyp Variant, sondern Integer. Integer bedeutet, dass
die Zahlen, die in i abgelegt werden einen Bereich zwischen −32768 und
32767 als Ganzzahlen belegen dürfen. Die Schleife wird nur von 0 bis 19
gehen, daher fällt sie in diesen Bereich.

Starten Sie nochmals das Programm. Sieht doch schon besser aus!
Vergessen Sie nicht zu speichern.

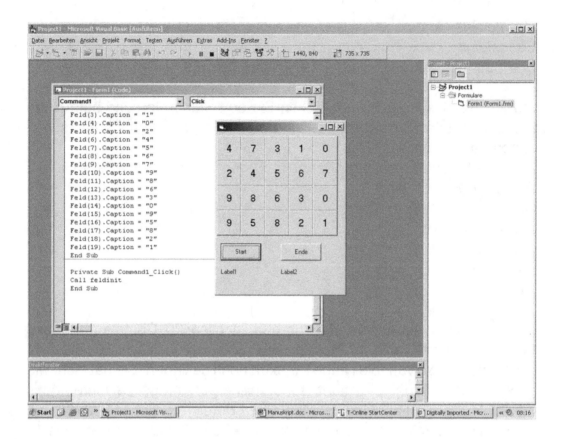

3.3.2 Spielsteuerung

Der Spielablauf sieht jetzt folgendermaßen aus:

Zunächst müssen die Felder alle verdeckt werden.
Jetzt muss beim ersten Klick auf einen Spielstein dieser aufgedeckt werden.
Der zweite Klick deckt einen zweiten Spielstein auf.
Wenn die Spielsteine gleich sind, so werden diese beide vom Spielfeld gelöscht,
    außerdem wird der Zähler für gefundene Paare um 1 erhöht,
    außerdem wird der Zähler für alle Züge um 1 erhöht.
Wenn die Spielsteine nicht gleich sind, so werden sie wieder abgedeckt,
    außerdem wird der Zähler für alle Züge um 1 erhöht.
Sind alle 10 Paare gefunden worden, so ist das Spiel beendet,

ansonsten beginnt der Ablauf von vorne.

Sie sehen, die Beschreibung ist schon in einer sehr programmierfreundliche Fassung geschrieben worden.
Bemerken Sie auch, worauf es bei der Programmierung ankommt? Es muss alles in kleine Schritte zerlegt werden.

Das Verdecken aller Spielsteine können wir noch in der Prozedur „feldinit" erledigen.
Wie aber können die Steine verdeckt werden? Nun, verdeckt zu werden brauchen eigentlich nur die Zahlen auf den Spielsteinen. Eine Möglichkeit wäre die Caption-Eigenschaft aller Feld(0-19) auf „leer" zu setzen. Wir werden aber die Caption-Eigenschaft noch benötigen, um die Werte der einzelnen Steine miteinander zu vergleichen.
Daher werden wir alle Steine mit der Farbe des Textes, schwarz, versehen.
Fügen Sie in die Schleife in „feldinit" folgende Zeile ein, so dass die Schleife so aussieht:

```
For i = 0 To 19
  Feld(i).Font.Size = 16
  Feld(i).BackColor = vbBlack
Next i
```

Die Eigenschaft „BackColor" verändert die Farbe der Spielsteine. Es bekommen alle Feld(0-19) den Wert „vbBlack".

Als nächster Schritt muss der erste angeklickte Baustein wieder aufgedeckt werden.
Dies bedeutet, er muss eine Farbe bekommen, bei welcher die Zahl sichtbar wird. Dies könnte zum Beispiel weiß sein.

Wie heißt das Ereignis, wenn ein Stein angeklickt wird? Gehen Sie in das Codefenster und klicken Sie in der linken Listbox oben den Eintrag „Feld" an. Es erscheint automatisch das Ereignis „Click" und genau dieses benötigen wir.
Es wurden folgende Zeilen eingefügt:

Private Sub Feld_Click(Index As Integer)

End Sub

Diesen Prozedurrahmen kennen Sie schon von anderen Click-Ereignissen. Allerdings ist die Klammer hinter „Click" nicht mehr leer. Dort steht nun Index As Integer.

Was bedeutet das? Nun, wir haben ja nicht nur ein Steuerelement „Feld" angelegt, sondern ein komplettes Steuerelementfeld mit insgesamt 20 Objekten. Diese Steuerelemente sind von 0 bis 19 durchnummeriert und genau das ist der Index. Da „Index" eine Variable ist, muss diese ebenfalls deklariert werden. Sie bekommt den Ihnen schon bekannten Datentyp Integer.

Wenn also ein Stein angeklickt wird, so soll dieser weiß werden. Fügen Sie in den Prozedurrahmen folgenden Befehl ein:

Feld(Index).BackColor = vbWhite

Beim Anklicken eines der Steuerelemente aus dem Feld wird der Index des Feldes mit übergeben. Klicken Sie beispielsweise Feld(4) an, so lautet der obige Befehl entsprechend:

Feld(4).BackColor = vbWhite.

Probieren Sie es aus. Starten Sie das Programm und klicken Sie den Startbutton. Wenn Sie jetzt einen der schwarzen Steine anklicken, so wird dieser weiß und Sie sehen seine Zahl. Auf diese Weise können Sie alle Bausteine anklicken, es wird jeder weiß. Selbst wenn Sie einen bereits weißen Stein anklicken, so wird dieser einfach nochmals weiß gemacht.
Probieren Sie folgendes zum Verständnis:
Beenden Sie das Programm wieder und beginnen Sie es nochmals. Klicken Sie jetzt aber nicht auf den Startbutton.
Wenn Sie jetzt einen der Spielsteine anklicken, was wird passieren?
Der Stein wird sich weiß färben, aber keine Ziffer anzeigen, weil wir diese noch nicht zugeteilt haben. Dies geschieht ja erst mit Aufruf der Prozedur „feldinit", was beim Anklicken des Startbuttons geschieht.

Jetzt wollen wir die Funktion entwickeln, mit der nach jedem zweiten Aufdecken die Steine wieder verdeckt werden sollen. Wir machen das zunächst unabhängig davon, ob die beiden Steine gleich sind.

Zunächst wird ein Zähler benötigt, der bestimmt, ob wir erst einen oder schon zwei Steine angeklickt haben.

Der Zähler wird in der Variablen „zaehler" gespeichert, die wir zunächst einmal deklarieren müssen. Allerdings gibt es hier eine Besonderheit.

Bei jedem Aufruf der Prozedur „Feld_Click(Index)" würde der Zähler neu deklariert werden.

Damit würde er auch stets seinen Wert verlieren, denn bei jeder Deklaration wird eine Variable wieder auf 0 gesetzt.

Um dies zu verhindern, muss die Variable an einer anderen Stelle deklariert werden. Die Variable „zaehler" soll also auch außerhalb der verwendenden Prozedur gültig sein.

Hierzu deklarieren wir sie im allgemeinen Teil unseres Programms. Wo befindet sich dieser Teil?

Gehen Sie zum Codefenster und klicken Sie in der linken Listbox „(Allgemein)" an. Es wird jetzt der Kopf unseres Programmcodes angezeigt. Hier müsste bereits „Option Explicit" eingefügt sein. Fügen Sie nun die Deklaration der Variable „zaehler" ein. Der Programmkopf muss jetzt so aussehen:

Option Explicit
Dim zaehler As Integer

In die Prozedur „Feld_Click(Index)" fügen wir ebenfalls neue Zeilen ein:

If zaehler = 1 Then
  zaehler = 0
  'Verdecken beider Felder
  'evtl. gleiche Bausteine löschen
Else
  zaehler = zaehler + 1
End if
End Sub

Beim ersten Klick auf einen Spielstein ist der Zähler „zaehler" noch 0. Die If-Abfrage verzweigt also beim ersten Spielstein in den Else-Zweig. Es geht erst wieder mit folgendem Befehl weiter:

zaehler = zaehler + 1. Der Zähler wird also um 1 erhöht.

Beim zweiten Klick auf einen Baustein ist der Zähler 1. Das Programm verzweigt jetzt in die If-Abfrage und setzt den Zähler zunächst zurück auf 0. Beim nächsten Klick wird ja wieder ein neues Paar gesucht, unabhängig davon, ob mit dem jetzigen zweiten Klick eines gefunden wurde oder nicht.

Jetzt habe ich einen Kommentar eingefügt. An dieser Stelle werden dann die Befehle stehen, um die beiden Felder wieder zu verdecken und ggf. gleiche Paare zu löschen.

Außerdem würden jetzt noch die Zähler für Züge und gefundene Paare erhöht werden.

Der Befehl, mit dem wir die beiden Felder verdecken werden, ist im Grunde klar. Angenommen, Sie haben die Felder mit den Indices 3 und 9 ausgewählt, dann würden also folgende Befehle zum richtigen Ergebnis führen:

Feld(3).BackColor = vbBlack
Feld(9).BackColor = vbBlack

Der aktuelle Index ist 9, der vorherige Index 3.
Also schreiben wir für Index = 9 und Index −1 = 3:

Feld(Index - 1).BackColor = vbBlack
Feld(Index).BackColor = vbBlack

Der aktuelle Wert von Index wird ja mit dem Klick auf den entsprechenden Spielstein übergeben. Woher aber bekommen wir den vorherigen Index? Wir müssen ihn in einer Variable speichern. Sehr schön wäre es, wenn wir zwei Variablen hätten, die mit gleichem Namen über einen weiteren Index angesprochen werden könnten:

Feld(ind(0)).BackColor = vbBlack
Feld(ind(1)).BackColor = vbBlack

Die Indices 0 und 1 haben wir ja schon über die Variable „zaehler". Der aktuelle Index steht also in ind(1), der vorherige in ind(0).
Was hat es mit dieser Art von Variablen auf sich?
Sie kennen etwas ähnliches schon aus dem Kapitel über die Spielfeldgestaltung. Auch hier hatten wir mehrere Objekte mit gleichem Namen, die sich nur über einen Index unterschieden haben. Es sind die Steuerelemente Feld(0-19), unsere Spielsteine.

So eine Datenstruktur nennt man Array oder Feld. Sie wird genauso wie eine normale Variable mit dem Befehl Dim deklariert, nur dass die gesamte Anzahl der Elemente angegeben werden muss. Der Befehl Dim a(9) würde also ein Array mit 10 Elementen deklarieren, da die Zählung des Index grundsätzlich bei 0 beginnt (a(0-9)).

Wo deklarieren wir unser Feld ind(), das die Werte der Indices in der Prozedur „Feld_Click(Index)" aufnehmen soll?

Da dieses Feld auch außerhalb der Prozedur bestehen soll, die Prozedur wird ja zweimal aufgerufen, wird es im Allgemeinteil des Formulars deklariert, das nun so aussieht:

Option Explicit
Dim zaehler As Integer
Dim ind(1) As Integer

Das Feld ind() kann jetzt zwei Elemente aufnehmen: ind(0) und ind(1).
Jetzt weisen wir dem Feld ind() noch die Werte der Indices der angeklickten Spielsteine zu. Dies geschieht natürlich in der Prozedur „Feld_Click(Index)":

ind(zaehler) = Index

Da der Index von ind() über die Variable „zaehler" gesteuert wird, können wir die Indices der Spielsteine des aktuellen und des vorherigen Klicks speichern. Jetzt weisen wir den ausgewählten Spielsteinen wieder die Farbe schwarz zu. Die gesamte Prozedur sieht nun so aus:

```
Private Sub Feld_Click(Index As Integer)
Feld(Index).BackColor = vbWhite
ind(zaehler) = Index
If zaehler = 1 Then
  zaehler = 0
  Feld(ind(0)).BackColor = vbBlack
  Feld(ind(1)).BackColor = vbBlack
    'evtl. gleiche Steine löschen
Else
  zaehler = zaehler + 1
End If
End Sub
```

Rufen Sie das Programm auf. Es werden zwar jetzt nach jedem zweiten Klick die aufgedeckten Steine wieder verdeckt, allerdings geschieht dies beim zweiten Stein so schnell, dass Sie seinen Inhalt gar nicht sehen können. Wir müssen also eine Möglichkeit finden, das Programm für eine kurze Zeit anhalten zu lassen, also ein Befehl der Art „Warte (1 Sekunde)". Leider hat Visual Basic diese Möglichkeit nicht implementiert, allerdings stellt das Betriebssystem Windows diese zur Verfügung.

Die Programmierschnittstelle zu Windows heißt „Win32-API" (API = Application Programming Interface). Sie ist in verschiedenen DLL-Dateien abgelegt. Eine DLL kennen Sie schon, es ist die „MSVBVM50.DLL", die Runtime-DLL, die zur Ausführung von kompilierten Visual-Basic-Programmen erforderlich ist. DLL bedeutet „Dynamic Link Library" und ist nichts anderes als eine Bibliothek von Funktionen, die während der Laufzeit von einem Programm eingebunden und benutzt werden.

Die Win32-API stellt die Funktion „Sleep" zur Verfügung, die den Ablauf eines Programms für einen angegebenen Zeitraum unterbricht.

Binden Sie zunächst folgende Zeile in den Allgemeinteil des Formulars ein:

```
Private Declare Sub Sleep Lib "kernel32" (ByVal dwMilliseconds As Long)
```

Hiermit wird die Funktion „Sleep" in unser Programm integriert. In den Klammern stehen die Parameter der Funktion, welche dieser bei ihrem Aufruf übergeben werden.

Die Zahl ist als Datentyp „Long" deklariert, was bedeutet, dass diese eine Ganzzahl zwischen –2147483648 und 2147483647 sein darf. „ByVal" bedeutet, dass die Variable „dwMilliseconds" „by value", also als Wertparameter übergeben, nur in der Funktion „Sleep" bearbeitet wird. Der Wert gibt die Verzögerung in Millisekunden an.

Da die Funktion „Sleep" jetzt in unserem Programm deklariert ist, können wir sie in der Prozedur „Feld_Click(Index)" verwenden.

Fügen Sie in der Zeile vor Veränderung der Spielsteinfarben auf schwarz folgende Zeile ein:

Sleep 1000

Jetzt sollte das Programm eine Sekunde warten, bevor die Hintergrundfarbe von weiß auf schwarz verändert wird, genug Zeit, um auch den zweiten Stein zu betrachten.

Wenn Sie das Programm jetzt aufrufen, wird es wahrscheinlich immer noch nicht klappen.

Dies liegt an einer Eigenheit von Visual Basic, die schon vielerorts für Frustrationen gesorgt hat.

Um die Farbveränderung anzuzeigen, ist die Methode „Refresh" erforderlich. Das Ärgerliche an der Geschichte ist, dass die Notwendigkeit ihrer Anwendung von Fall zu Fall unterschiedlich ist. Fügen Sie also noch folgenden Befehl ein: Feld(Index).Refresh

Die gesamte Prozedur sieht nun so aus:

```
Private Sub Feld_Click(Index As Integer)
Feld(Index).BackColor = vbWhite
Feld(Index).Refresh
ind(zaehler) = Index
If zaehler = 1 Then
   zaehler = 0
   Sleep 1000
   Feld(ind(0)).BackColor = vbBlack
   Feld(ind(1)).BackColor = vbBlack
```

```
      'evtl. gleiche Steine löschen
Else
   zaehler = zaehler + 1
End If
End Sub
```

Jetzt funktioniert es. Bevor beide Spielsteine wieder schwarz gemacht werden, wartet das Programm für eine Sekunde.

Jetzt muss noch eine Funktion implementiert werden, die beide angeklickten Steine löscht, falls diese gleich sind, also die gleiche Caption-Eigenschaft besitzen. Dies ist mit unserer vorher definierten Feldvariable „ind(zaehler)" nicht mehr schwierig.
Wir fügen also an der Stelle des Kommentars „'evtl. gleiche Steine löschen" folgende Zeilen ein:

```
If Feld(ind(0)).Caption = Feld(ind(1)).Caption Then
      Feld(ind(0)).Visible = False
      Feld(ind(1)).Visible = False
End If
```

Falls die beiden Spielsteine die gleiche Ziffer haben, so werden sie mittels der Visible-Eigenschaft einfach unsichtbar gemacht.

Im Grunde ist das Spiel jetzt schon spielbar. Wenn gleiche Steine gefunden werden, so verschwinden diese, ansonsten werden sie wieder zugedeckt.
Das Spiel endet aber nicht. Falls alle Spielsteine gefunden wurden, sind diese alle unsichtbar, ansonsten hat sich aber am Status des Programmablaufs nichts verändert.
Drücken Sie nochmals den Start-Button. Es erscheinen keine Steine mehr. Wir müssen in der Prozedur „feldinit" alle 20 Steine wieder sichtbar machen. Dies ist zwar beim ersten Programmstart noch nicht erforderlich, da die Steine da schon sichtbar sind, allerdings benötigen wir dies für alle weiteren Spielstarts. Fügen Sie also in der Schleife von „feldinit" eine Zeile ein, welche die Steuerelemente Feld() wieder sichtbar macht. Die Schleife sieht nun so aus:

```
For i = 0 To 19
  Feld(i).Font.Size = 16
  Feld(i).BackColor = vbBlack
  Feld(i).Visible = True
Next i
```

Jetzt können Sie das Spiel auch mehrmals starten.

Es fehlen jetzt noch die Zähler für alle Züge und gefundene Paare. Die Werte der Zähler sollen in den Label-Steuerelementen „Label1" und „Label2" angezeigt werden.

Deklarieren wir zunächst im Allgemeinteil des Formulars die Variablen „zuege" und „paare":

```
Dim zuege As Integer
Dim paare As Integer
```

Einen Zug definieren wir dann als vollzogen, wenn wir zwei Spielsteine angeklickt haben, unabhängig davon, ob diese gleich sind oder nicht. Wir fügen daher in der Prozedur „Feld_Click(Index)" in der äußeren If-Abfrage folgende Zeilen ein:

```
zuege = zuege + 1
Label1.Caption = zuege
```

Der Zähler wird zunächst bei jedem zweiten Klick um 1 inkrementiert, dann wird sein Wert in Label1 mittels der Caption-Eigenschaft ausgegeben.

Das Gleiche machen wir jetzt noch für den Zähler „paare" in der inneren If-Abfrage. Beide If-Abfragen sehen jetzt so aus:

```
If zaehler = 1 Then
  zaehler = 0
  zuege = zuege + 1
  Label1.Caption = zuege
  Sleep 1000
  If Feld(ind(0)).Caption = Feld(ind(1)).Caption Then
    Feld(ind(0)).Visible = False
```

```
    Feld(ind(1)).Visible = False
    paare = paare + 1
    Label2.Caption = paare
  End If
  Feld(ind(0)).BackColor = vbBlack
  Feld(ind(1)).BackColor = vbBlack
Else
  zaehler = zaehler + 1
End If
```

Ein Problem ergibt sich allerdings noch, wenn Sie das Spiel wiederholt starten. Die Zähler werden nicht zurückgesetzt. Erledigen wir diese Arbeit auch noch in der Prozedur „feldinit".

Fügen Sie dort folgende Zeilen ein:

```
zuege = 0
paare = 0
Label1.Caption = zuege
Label2.Caption = paare
```

Wir setzen die Werte für beide Zähler wieder auf 0 zurück. Außerdem geben wir diese auch sofort aus. Dies hat den vorteilhaften Effekt, das bereits vor dem ersten Zug die Zählerstände angezeigt werden.

Verändern Sie noch die Schriftgröße für beide Zähler mit folgendem Befehl in „feldinit":

```
Label1.Font.Size = 16
Label2.Font.Size = 16
```

Wir bauen jetzt noch eine Abfrage für das Spielende ein. Dies geschieht wieder in der Prozedur „Feld_Click(Index)".

Die Abfrage muss in der inneren If-Abfrage passieren, also dort, wo nach gefundenen Paaren gefragt wird. Das Spiel ist beendet, wenn alle 10 Paare gefunden wurden.

Schön wäre es, eine kurze Ausgabe zu haben, wie viele Züge man bis zum Spielende benötigt hat. Dies können wir über eine Message-Box lösen:

```
If paare = 10 Then
  MsgBox ("Spiel beendet in " & zuege & "Zügen.")
End if
```

Da wir in der Message-Box sowohl Text als auch den Wert einer Variablen ausgeben, müssen diese irgendwie verknüpft werden.
Folgende Varianten wären ebenfalls denkbar, aber sie funktionieren nicht.

MsgBox (Spiel beendet in zuege Zügen.)
MsgBox ("Spiel beendet in zuege Zügen.")
MsgBox ("Spiel beendet in " zuege " Zügen.")

Im ersten und dritten Fall wird eine Fehlermeldung, im zweiten Fall der Text so wie er dasteht, ausgegeben.
Zeichenketten und Werte werden daher mit dem Operator „&" verknüpft.

Zur Benutzerführung wäre es schließlich noch sinnvoll, wenn das Programm möglichst selbstständig abläuft. Also sollte nach dem Programmstart sofort in den Spielmodus verzweigt werden bzw. nach Ende eines Spiels sollte dieses sofort wieder gestartet werden.
Der Start-Button muss also nur noch gedrückt werden, wenn man ein Spiel abbrechen und ein neues beginnen möchte.
Zunächst fügen wir in die Prozedur „Form_Load" einen Aufruf von „feldinit" ein. Das selbe machen wir auch nach Ausgabe der Message-Box nach Spielende.
Form_Load wurde noch nicht erstellt. Wählen Sie in der linken Listbox des Codefensters „Form" aus und geben Sie den Prozeduraufruf in den Mittelteil der Prozedur ein.
Form_Load sieht jetzt so aus:

```
Private Sub Form_Load()
Call feldinit
End Sub
```

Jetzt fehlt nur noch die Funktionalität für den Ende-Button (Command2). Wählen Sie ihn ebenfalls aus und fügen Sie den Befehl End in den Prozedurmittelteil ein. Die Prozedur muss also so aussehen:

```
Private Sub Command2_Click()
End
End Sub
```

Schön wären noch Abfragen bei Betätigung der beiden Buttons, ob man wirklich ein neues Spiel beginnen bzw. das Programm beenden möchte.
Dazu kann man eine Message-Box verwenden. Standardmäßig zeigt die Message-Box nur den Button „OK" an. Wir benötigen nun aber zwei Buttons, „Ja" und „Nein".
Die Message-Box hat dafür eine eigene Syntax. Insbesondere muss die Antwort auf die Abfrage in einer eigenen Variable gespeichert werden, um diese später auswerten zu können.
Die Syntax sieht so aus:

```
variable = MsgBox("Text", vbQuestion + vbYesNo)
```

In variable wird der Wert für entweder vbYes oder vbNo gespeichert, abhängig davon, welcher Button angeklickt wurde. vbQuestion gibt das Fragezeichensymbol auf der Message-Box aus.
Die geänderte Version von „Command2_Click" sieht nun so aus:

```
Private Sub Command2_Click()
Dim antwort As Integer
antwort = MsgBox("Programm beenden?", vbQuestion + vbYesNo)
If antwort = vbYes Then End
End Sub
```

Die gleiche Abfrage fügen wir in etwas anderer Ausführung noch in „Command1_Click()" ein:

```
Private Sub Command1_Click()
Dim antwort As Integer
antwort = MsgBox("Neues Spiel?", vbQuestion + vbYesNo)
If antwort = vbYes Then Call feldinit
End Sub
```

Unser Programm scheint nun fertig zu sein. Allerdings haben wir noch einen fatalen Fehler übersehen. Starten Sie das Programm und klicken Sie irgendeinen Stein an. Klicken Sie im zweiten Zug nochmals den selben Stein an. Was passiert? Der Stein verschwindet und die Anzeige für gefundene Paare wird um ein Feld erhöht.

Der Fehler ist ja auch nachvollziehbar. Beide angeklickte Spielsteine haben ja dieselbe Caption-Eigenschaft, also dieselbe Ziffer. Und genau nur das wird in unserer If-Abfrage abgefragt. Es interessiert nicht, ob die Indices der Steine gleich sind oder nicht.

Es gibt eine ganz einfache Möglichkeit, diesen Fehler zu beheben. Anstelle auf Gleichheit der Indices zu prüfen, genügt es, ein einmal angeklicktes Feld nicht mehr klickbar zu machen. Dies wird mit der Eigenschaft „Enabled" erreicht, welche die Werte „True" und „False" annehmen kann. Also setzen wir für jeden angeklickten Spielstein die Enabled-Eigenschaft auf „False". Allerdings müssen wir bei jedem zweiten Klick beide Steine wieder auf Enabled = True setzen, damit wir das Spiel fortführen können. Hier die ersten Zeilen der geänderten Prozedur:

```
Private Sub Feld_Click(Index As Integer)
Feld(Index).Enabled = False
Feld(Index).BackColor = vbWhite
Feld(Index).Refresh
ind(zaehler) = Index
If zaehler = 1 Then
   zaehler = 0
   Feld(ind(0)).Enabled = True
   Feld(ind(1)).Enabled = True
   zuege = zuege + 1
   Label1.Caption = zuege
   Sleep 1000
.............................................
```

Die restlichen Zeilen habe ich aus Platzgründen nicht mehr ausgedruckt.

Unser Spiel ist nun in einer ersten Version fertig. Viel Spaß beim Spielen! Gut sind Sie, wenn Sie 14 bis 15 Züge brauchen, um das ganze Feld abzuräumen.

Kompilieren Sie es ruhig unter dem Menüpunkt DATEI und GEDÄCHT-
NIS.EXE ERSTELLEN... .

Hier noch einmal das komplette Listing:

```
Option Explicit
Dim zaehler As Integer
Dim ind(1) As Integer
Dim zuege As Integer
Dim paare As Integer
Private Declare Sub Sleep Lib "kernel32" (ByVal dwMilliseconds As Long)

Private Sub feldinit()
Dim i As Integer
For i = 0 To 19
  Feld(i).Font.Size = 16
  Feld(i).BackColor = vbBlack
  Feld(i).Visible = True
Next i
zuege = 0
paare = 0
Label1.Font.Size = 16
Label2.Font.Size = 16
Label1.Caption = zuege
Label2.Caption = paare
Feld(0).Caption = "4"
Feld(1).Caption = "7"
Feld(2).Caption = "3"
Feld(3).Caption = "1"
Feld(4).Caption = "0"
Feld(5).Caption = "2"
Feld(6).Caption = "4"
Feld(7).Caption = "5"
Feld(8).Caption = "6"
Feld(9).Caption = "7"
Feld(10).Caption = "9"
Feld(11).Caption = "8"
```

```
Feld(12).Caption = "6"
Feld(13).Caption = "3"
Feld(14).Caption = "0"
Feld(15).Caption = "9"
Feld(16).Caption = "5"
Feld(17).Caption = "8"
Feld(18).Caption = "2"
Feld(19).Caption = "1"
End Sub

Private Sub Command1_Click()
Dim antwort As Integer
antwort = MsgBox("Neues Spiel?", vbQuestion + vbYesNo)
If antwort = vbYes Then Call feldinit
End Sub

Private Sub Command2_Click()
Dim antwort As Integer
antwort = MsgBox("Programm beenden?", vbQuestion + vbYesNo)
If antwort = vbYes Then End
End Sub

Private Sub Feld_Click(Index As Integer)
Feld(Index).Enabled = False
Feld(Index).BackColor = vbWhite
Feld(Index).Refresh
ind(zaehler) = Index
If zaehler = 1 Then
  zaehler = 0
  Feld(ind(0)).Enabled = True
  Feld(ind(1)).Enabled = True
  zuege = zuege + 1
  Label1.Caption = zuege
  Sleep 1000
  If Feld(ind(0)).Caption = Feld(ind(1)).Caption Then
    Feld(ind(0)).Visible = False
    Feld(ind(1)).Visible = False
```

```
    paare = paare + 1
    Label2.Caption = paare
    If paare = 10 Then
      MsgBox ("Spiel beendet in " & zuege & " Zügen.")
      Call feldinit
    End If
  End If
  Feld(ind(0)).BackColor = vbBlack
  Feld(ind(1)).BackColor = vbBlack
Else
  zaehler = zaehler + 1
End If
End Sub


Private Sub Form_Load()
Call feldinit
End Sub
```

3.3.3 Intelligenter Spielfeldaufbau

Wahrscheinlich werden Sie das Spiel schon in 10 Zügen gelöst haben, wenn Sie es oft genug gespielt haben. Die stets gleiche Position der Ziffern auf den Spielsteinen verhindert eindeutig Langzeitspielspaß.

Man müsste also mehrere Spielfeldkombinationen angeben können, am besten wären natürlich alle Möglichkeiten.

So etwas lässt sich am besten mit einer rein zufälligen Anordnung der Steine erreichen.

Wir müssen also für jeden Stein eine Zahl zwischen 0 und 9 finden.
Falls diese Zahl mehr als zweimal vorkommt, muss eine andere Zahl gefunden werden.

Um Zufallszahlen zu ermitteln, ist bei Visual Basic eine eigene Funktion implementiert. Sie heißt „Rnd" (Random) und gibt Zufallszahlen im Bereich $0 <= x < 1$ aus.

Bevor man den Zufallsgenerator aber verwendet, muss dieser initialisiert werden. Dies geschieht mit dem Befehl Randomize. Visual Basic entwickelt die Zufallszahlen nämlich über eine mathematische Reihe, die ohne Initialisierung immer mit dem selben Wert beginnen würde.

Wir benötigen aber keine beliebigen Zahlen zwischen 0 und 1, sondern Ganzzahlen im Bereich von 0 bis 9. Um diese zu bekommen, werden die gefundenen Zahlen zunächst mit 10 multipliziert und dann in eine Integerzahl umgewandelt.

Hier ein Beispiel:

Zufallsgenerator findet:
0,567313
Multiplikation mit 10:
5,67313
Konvertierung in Integer (d.h. Abschneiden der Nachkommastellen):
5

Die entsprechende Befehlszeile in Visual Basic lautet:

Ergebnis = Int(10 * Rnd)

Den Wert von „Ergebnis" würden wir dann der Caption-Eigenschaft des entsprechenden Feldes zuweisen.

Die Schwierigkeit besteht nun darin, von jeder Zufallszahl genau zwei identische Zahlen zu bekommen.

Beginnen wir mit einer Do-While-Schleife. Diese soll von 0 bis 19 hinaufzählen, da wir 20 Spielfeldsteine haben:

```
Do While j < 20
 'hier werden die Zufallszahlen zugewiesen
Loop
```

Zunächst setzen wir anstelle des Kommentars die Zuweisung einer Zufallszahl:

Feld(j).Caption = Int(Rnd * 10)

Leider ist damit noch nicht sichergestellt, dass jede Zufallszahl genau 2-mal vorkommt.

Also vergleichen wir die aktuell gefundene Zahl mit den vorherigen. Falls diese schon einmal vorgekommen ist, merken wir uns das. Nur wenn die Zahl nicht mehr als 2-mal vorgekommen ist, wird sie einem Spielfeldstein zugewiesen, ansonsten suchen wir eine neue Zahl.

Computernäher formuliert sieht das dann so aus:

Solange j kleiner als 20 ist:
Beginne mit dem Stein j = 0
Setze einen Merker auf 0
Weise dem Stein j eine Zufallszahl zwischen 0 und 9 zu
Vergleiche die Zahl auf Stein j mit allen vorherigen Steinen inkl. dem aktuellen
Wenn die Zahl schon mal vorgekommen ist, so erhöhe den Merker um 1
   Wenn der Merker <= 2 dann gehe zum nächsten Stein (j = j +1),
   ansonsten Merker = 0 und suche andere Zufallszahl für aktuellen Stein.

Einen Teil dieses Algorithmus haben wir ja schon gefunden. Versuchen wir nun, diesen zu vervollständigen:

```
Do While j < 20
  merk = 0
  Feld(j).Caption = Int(10 * Rnd)
  For k = 0 To j
    If Feld(k).Caption = Feld(j).Caption Then
      merk = merk + 1
    End If
  Next k
  If merk <= 2 Then j = j + 1
Loop
```

Gehen wir diesen Algorithmus doch einmal theoretisch durch:

Beginn der Schleife
j ist 0.
merk ist 0.
Feld(j=0) bekommt den Wert 5.
Vergleich aller gefundenen Werte inklusive des aktuellen:

merk ist 1   (da Feld(0) den Wert 5 hat)
da merk <= 2 wird j um 1 erhöht, die Schleife beginnt von vorne.

j ist 1.
merk ist 0.
Feld(j=1) bekommt den Wert 5.
Vergleich aller gefundenen Werte inklusive des aktuellen:
merk ist 2 (da Feld(0) und Feld(1) den Wert 5 haben)
da merk <= 2 wird j um 1 erhöht, die Schleife beginnt von vorne.

j ist 2.
merk ist 0.
Feld (j=2) bekommt den Wert 9.
Vergleich aller gefundenen Werte inklusive des aktuellen:
merk ist 1   (da Feld(2) den Wert 9 hat)
da merk <= 2 wird j um 1 erhöht, die Schleife beginnt von vorne.

j ist 3.
merk ist 0.
Feld (j=3) bekommt den Wert 5.
Vergleich aller gefundenen Werte inklusive des aktuellen:
merk ist 3   (da Feld(0) und Feld(1) und Feld(3) den Wert 5 haben)
da merk nicht <=2 wird j nicht um 1 erhöht, die Schleife beginnt von vorne.

j ist 3.
merk ist 0.
Feld (j=3) bekommt den Wert 7.
Vergleich aller gefundenen Werte inklusive des aktuellen:
merk ist 1   (da Feld(3) den Wert 7 hat)
da merk <= 2 wird j um 1 erhöht, die Schleife beginnt von vorne.

j ist 4.
Feld (j=4) bekommt den Wert 9.
Vergleich aller gefundenen Werte inklusive des aktuellen:
merk ist 2   (da Feld(2) und Feld(4) den Wert 9 haben)
da merk <= 2 wird j um 1 erhöht, die Schleife beginnt von vorne.

(nach dem selben Schema werden die anderen Paare gefunden:
1,1,2,2,3,3,4,4,6,6,8,8) für j = 5 bis 18.

j ist 19.
Feld (j=19) bekommt den Wert 7
Vergleich aller gefundenen Werte inklusive des aktuellen:
merk ist 2   (da Feld(3) und Feld(19) den Wert 7 haben)
da merk <= 2 wird j um 1 erhöht,
  die Schleife beginnt nicht von vorne, da j = 20.

Lassen Sie sich probeweise einige Spielfeldkombinationen zeigen, am
besten können Sie diese testen, wenn Sie die Zeile in „feldinit" auskom-
mentieren, die alle Steine schwarz färbt.

Kompilieren Sie nun Ihr Spiel. Es ist jetzt soweit funktional fertig. Im
nächsten Kapitel werden wir nur noch einige Feinheiten hinzufügen, die
aber am Spielablauf nichts mehr ändern werden.

Am Schluss dieses Abschnitts wird nochmals der gesamte Code der Prozedur „feldinit" angezeigt, die anderen Prozeduren wurden nicht verändert:

```
Private Sub feldinit()
Dim i As Integer
Dim j As Integer
Dim k As Integer
Dim merk As Integer
Randomize
For i = 0 To 19
  Feld(i).Font.Size = 16
  Feld(i).BackColor = vbBlack
  Feld(i).Visible = True
Next i
zuege = 0
paare = 0
Label1.Font.Size = 16
Label2.Font.Size = 16
```

```
Label1.Caption = zuege
Label2.Caption = paare
Do While j < 20
  merk = 0
  Feld(j).Caption = Int(10 * Rnd)
  For k = 0 To j
   If Feld(k).Caption = Feld(j).Caption Then
     merk = merk + 1
   End If
  Next k
  If merk <= 2 Then j = j + 1
Loop
End Sub
```

3.4 Menüführung

Professionelle Windowsprogramme werden nicht über Buttons, sondern über Menüs bedient.
Wir wollen nun die Start- und Ende-Buttons durch ein Menü ersetzen.
Die Entwicklungsumgebung von Visual Basic bietet eine sehr komfortable Möglichkeit, Menüs in Formulare zu integrieren.

Unser Spiel soll zwei Menüpunkte bekommen. Der erste soll SPIEL heißen und die Unterpunkte START und ENDE entsprechend der Buttons beinhalten. Der zweite Menüpunkt wird INFO heißen, dort soll später einmal unter HIGHSCORE der gespeicherte beste Spielstand abgerufen werden können.

Gehen Sie dazu in die Objektansicht Ihres Formulars (Fensterüberschrift: „Project1 – Form1(Form)"). Diese können Sie beispielsweise unter ANSICHT und OBJEKT aufrufen.
Wählen Sie dann im Menü unter EXTRAS den Unterpunkt MENÜ-EDITOR... .
Es öffnet sich ein weiteres Fenster, in welchem Sie die Einträge für die einzelnen Menüs machen können.

Unter „Caption" und „Name" tragen Sie jeweils „Spiel" ein. Mit „Name" wird der Menüpunkt später im Programmcode aufgerufen, der unter „Caption" eingetragene Text erscheint so im Menü.

Klicken Sie jetzt den Button „Nächster" an. Die Ansicht unten geht nun eine Zeile tiefer.

Der nächste Eintrag START soll als Unterpunkt im Menü SPIEL erscheinen. Um ihn als Unterpunkt festzulegen, klicken Sie auf den „Pfeil-nach-rechts"-Button. Es erscheinen nun 4 Punkte in der aktuellen Zeile, welche diese als Unterpunkt kennzeichnen.

Tragen Sie unter „Caption" und „Name" „Start" ein. Es besteht die Möglichkeit unter „Shortcut" ein Tastaturkürzel zum Aufrufen des Menüpunkts START zu definieren. Sie können eine beliebige Tastenkombination auswählen. Ich habe „F5" genommen, weil ich dies in der Entwicklungsumgebung schon so oft zum Starten benutzt habe.

Klicken Sie wieder auf „Nächster". Der Editor bleibt automatisch in der Unterpunktebene.

Wir wollen jetzt aus optischen Gründen einen Zwischenstrich einsetzen. Geben Sie dazu unter „Name" ein „x" ein und unter „Caption" einen „-".

Nach dem Klicken von „Nächster" geben Sie unter „Caption" und „Name" „Ende" ein. Als Shortcut habe ich „Strg+X" gewählt.

Jetzt kommt der nächste Menüpunkt INFO. Nachdem Sie „Nächster" geklickt haben, legen Sie mit dem „Pfeil-nach-links"-Button eine höhere Ebene fest. Geben Sie unter „Caption" und „Name" „Info" ein.

Jetzt folgt wieder ein Menüunterpunkt. Nach dem Klick auf „Nächster" begeben Sie sich mit dem „Pfeil-nach-rechts"-Button wieder eine Ebene tiefer in der Menühierarchie.

Tragen Sie unter „Caption" und „Name" „Highscore" ein.

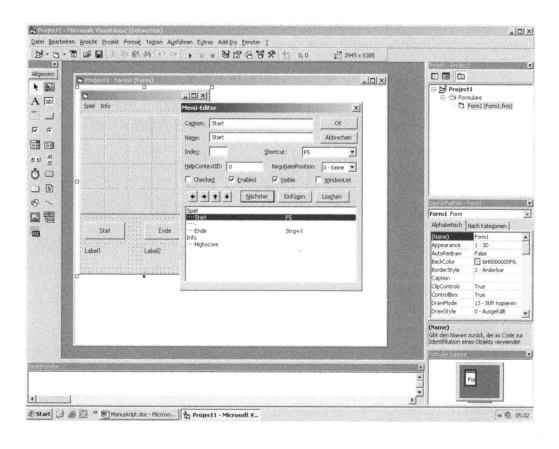

Das Menü ist jetzt fertig konstruiert, schließen Sie das Fenster mit dem Button „OK".

In der Objektansicht können Sie das Ergebnis betrachten. Das Menü öffnet sich bereits, wenn Sie es anklicken.

Jetzt belegen wir die Unterpunkte START und ENDE mit den entsprechenden Funktionen. Den Code haben wir ja bereits programmiert. Er liegt in den Prozeduren „Command1_Click" und „Command2_Click".

Wählen Sie in der linken Listbox im Codefenster den Eintrag „Start" aus. Im Programmcode wird ein neuer Prozedurrahmen eingefügt:

Private Sub Start_Click()

End Sub

Hier hinein übertragen Sie den Mittelteil der Prozedur „Command1_Click".
Die gesamte Prozedur sieht nun so aus:

```
Private Sub Start_Click()
Dim antwort As Integer
antwort = MsgBox("Neues Spiel?", vbQuestion + vbYesNo)
If antwort = vbYes Then Call feldinit
End Sub
```

Die Prozedur „Command1_Click" können Sie aus dem Programmcode
löschen.
Gleichsam gehen Sie für den Menüunterpunkt ENDE vor. In den neuen
Prozedurrahmen „Ende_Click" kopieren Sie den Mittelteil der alten Prozedur „Command2_Click" und löschen diese.

Jetzt löschen Sie in der Objektansicht die beiden Buttons „Start" und
„Ende". Die beiden Labelfelder können Sie gerne nach oben verschieben
und das Formular etwas verkleinern.
Das Menü ist fertig.

3.5 Highscore speichern

Zu einem Spiel gehört es einfach, dass auch der Highscore angezeigt
wird. Wir werden eine einfache Prozedur schreiben, mit welcher jeweils
der beste Spielstand in eine Datei abgespeichert wird.

Zum Ende eines Spieles wird die Prozedur „hsc" aufgerufen. In dieser wird
zunächst der abgespeicherte Highscore geladen. Wenn dieser größer ist
als der aktuell erreichte Wert (es kommt ja darauf an, mit möglichst weni-
gen Zügen das Spielfeld abzuräumen), so wird der neue Wert in die Datei
geschrieben.

Fügen Sie in der Prozedur „Feld_Click(Index)" in die If-Abfrage, welche
das Erreichen des Spielendes überprüft, den Prozeduraufruf Call hsc ein.

```
If paare = 10 Then
    Call hsc
    MsgBox ("Spiel beendet in " & zuege & " Zügen.")
    Call feldinit
End If
```

Außerdem muss noch eine formularglobale Variable „high" definiert werden. Formularglobal bedeutet, dass diese wieder im ganzen Formular sichtbar sein soll, sie ist daher im Allgemeinteil des Formulars einzufügen:

```
Dim high As Integer
```

Jetzt fügen Sie ganz unten im Programmcode eine neue Prozedur "hsc" ein.
Es folgt der gesamte Programmcode:

```
Private Sub hsc()
Dim datei As String
Dim temp As Integer
Dim dateinr As Integer
On Error GoTo fehler
datei = "high.dat"
dateinr = FreeFile
Open datei For Input As dateinr
Input #dateinr, temp
high = temp
Close
weiter:
If high = 0 Or high > zuege Then
 Open datei For Output As dateinr
 Print #dateinr, zuege
 Close
End If
Exit Sub
fehler:
high = 0
GoTo weiter
End Sub
```

Zunächst wird die Variable „datei" deklariert. Sie besitzt den Datentyp String, da in ihr ein Text, der Dateiname „high.dat", gespeichert werden soll.

„temp" ist eine Variable, die als Hilfsvariable den abgespeicherten Wert der Datei aufnehmen soll. Sie ist wie die Variable „high" auch vom Datentyp Integer.

Nun folgt doch noch ein Sprung mit GoTo. Allerdings ist er in diesem Fall legitim. Mit dem Befehl On Error wird zur Sprungmarke „fehler:" gesprungen. Dies würde zum Beispiel passieren, falls das Programm die Datei „high.dat" nicht finden würde. Und genau dies ist der Fall, wenn Sie Ihr Programm zum ersten Mal starten. Die Datei „high.dat" wurde noch nicht angelegt. Gäbe es diese Fehlerbehandlungsroutine nicht, so würde das Programm mit einer Fehlermeldung abstürzen.

Stattdessen wird der Wert von „high" auf 0 gesetzt. Warum dies geschieht, erkläre ich später.

Machen wir weiter im normalen Ablauf.

Es wird nun der Dateiname festgelegt und mittels „FreeFile" ein freier Datenkanal zugewiesen. Dies ist einfach nur eine Eigenart von Visual Basic.

Jetzt wird der Inhalt der Datei „high.dat" ausgelesen:

```
Open datei For Input As dateinr
Input #dateinr, temp
high = temp
Close
```

Sehen Sie sich die Datei einmal an (z.B. mit einem Editor). Dort ist nur eine Zahl als lesbarer Text abgespeichert. Diese Zahl wird der Variablen „temp" zugewiesen und deren Inhalt wieder der Variablen „high".

Die Datei muss anschließend wieder geschlossen werden.

Im nächsten Schritt wird abgefragt, ob der Wert von „high" 0 oder größer als jener der aktuell gespielten Züge ist:

```
If high = 0 Or high > zuege Then
 Open datei For Output As dateinr
 Print #dateinr, zuege
 Close
End If
```

Falls der aktuelle Wert von „zuege" kleiner als „high" ist, so hat sich ein neuer Highscore ergeben, der in der Highscore-Datei abgespeichert wird. „high" hat den Wert 0, wenn die zuvor erwähnte Fehlerbehandlungsroutine durchlaufen wurde. Jetzt wird, falls die Datei nicht vorhanden war, diese neu angelegt und ebenfalls der aktuelle Wert von „zuege" dort gespeichert. Am Schluss wird die Datei geschlossen.
Mit Exit Sub wird die Routine hier vorzeitig verlassen, damit man nicht mehr in die Fehlerbehandlungsroutine gelangt.

In der Prozedur „Highscore_Click" lesen wir den Wert der Datei nach einem Klick im Menü unter INFO und geben ihn in einer Message-Box aus:

```
Private Sub Highscore_Click()
Dim datei As String
Dim temp As Integer
Dim dateinr As Integer
On Error GoTo fehler
datei = "high.dat"
dateinr = FreeFile
Open datei For Input As dateinr
Input #dateinr, temp
high = temp
Close
MsgBox ("Bestes Spiel: " & high & " Züge.")
Exit Sub
fehler:
MsgBox "Datei high.dat nicht gefunden!", vbExclamation
End Sub
```

Diese Routine ist „hsc" sehr ähnlich. Da der Wert nur ausgelesen werden soll, fehlt hier die Sequenz zum Schreiben.

In der Fehlerbehandlungsroutine wird beim Fehlen der Datei „high.dat" eine Fehlermeldung ausgegeben

Diese beiden Routinen können Sie ohne weiteres für spätere eigene Spiele verwenden, da der Ablauf der Dateibehandlung in Visual Basic immer derselbe ist.

3.6 Zusammenfassung

Wir sind nun fertig mit unserem Spiel. Kompilieren Sie es zum letzten Mal. Besprechen wir noch einmal kurz das Programm im Überblick:

Allgemeiner Teil:
Deklaration der formularglobalen Variablen, Deklaration der Win32-API-Funktion

feldinit:
Konstruktion des Spielfelds mittels Zufallsgenerator

Ende_Click:
Beenden des Programms mit Abfrage

Feld_Click(Index):
Aufdecken der Felder bei Klick, Vergleich der Felder, Gewinnabfrage

Form_Load:
Aufruf der Prozedur feldinit bei Programmstart

Highscore_Click:
Laden und Anzeigen des Highscores

Start_Click:
Aufruf der Prozedur feldinit mit Abfrage

hsc:
Laden, Vergleichen und Speichern des Highscores

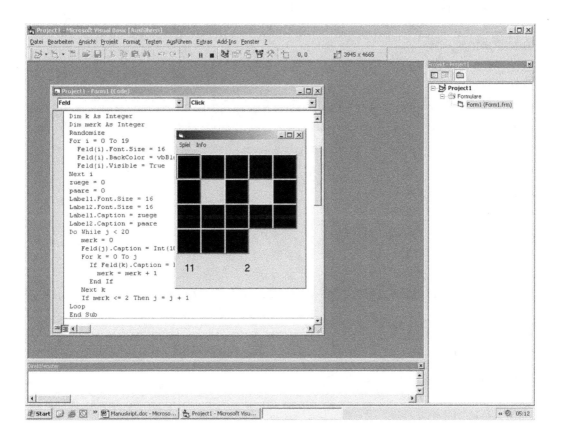

Übersicht der Dateien:

Form1.frm:
Einstellungen und der gesamte Quellcode

high.dat:
Wert des Highscores

Gedächtnis.exe:
Ausführbare Datei

Gedächtnis.vbp:
Verschiedene Parameter und Namen der Dateien, diese Datei lädt das
gesamte Projekt in die Entwicklungsumgebung

Gedächtnis.vbw:
Startposition des Formulars

Und hier ist nochmals der Quellcode des gesamten Programms in seiner
entgültigen Fassung abgedruckt:

```
Option Explicit
Dim zaehler As Integer
Dim ind(1) As Integer
Dim zuege As Integer
Dim paare As Integer
Dim high As Integer
Private Declare Sub Sleep Lib "kernel32" (ByVal dwMilliseconds As Long)

Private Sub feldinit()
Dim i As Integer
Dim j As Integer
Dim k As Integer
Dim merk As Integer
Randomize
For i = 0 To 19
  Feld(i).Font.Size = 16
  Feld(i).BackColor = vbBlack
  Feld(i).Visible = True
Next i
zuege = 0
paare = 0
Label1.Font.Size = 16
Label2.Font.Size = 16
Label1.Caption = zuege
Label2.Caption = paare
Do While j < 20
  merk = 0
```

```
    Feld(j).Caption = Int(10 * Rnd)
    For k = 0 To j
      If Feld(k).Caption = Feld(j).Caption Then
        merk = merk + 1
      End If
    Next k
    If merk <= 2 Then j = j + 1
Loop
End Sub

Private Sub Ende_Click()
Dim antwort As Integer
antwort = MsgBox("Programm beenden?", vbQuestion + vbYesNo)
If antwort = vbYes Then End
End Sub

Private Sub Feld_Click(Index As Integer)
Feld(Index).Enabled = False
Feld(Index).BackColor = vbWhite
Feld(Index).Refresh
ind(zaehler) = Index
If zaehler = 1 Then
  zaehler = 0
  Feld(ind(0)).Enabled = True
  Feld(ind(1)).Enabled = True
  zuege = zuege + 1
  Label1.Caption = zuege
  Sleep 1000
  If Feld(ind(0)).Caption = Feld(ind(1)).Caption Then
    Feld(ind(0)).Visible = False
    Feld(ind(1)).Visible = False
    paare = paare + 1
    Label2.Caption = paare
    If paare = 10 Then
      Call hsc
      MsgBox ("Spiel beendet in " & zuege & " Zügen.")
      Call feldinit
```

```vb
      End If
    End If
    Feld(ind(0)).BackColor = vbBlack
    Feld(ind(1)).BackColor = vbBlack
Else
   zaehler = zaehler + 1
End If
End Sub

Private Sub Form_Load()
Call feldinit
End Sub

Private Sub Highscore_Click()
Dim datei As String
Dim temp As Integer
Dim dateinr As Integer
On Error GoTo fehler
datei = "high.dat"
dateinr = FreeFile
Open datei For Input As dateinr
Input #dateinr, temp
high = temp
Close
MsgBox ("Bestes Spiel: " & high & " Züge.")
Exit Sub
fehler:
MsgBox "Datei high.dat nicht gefunden!", vbExclamation
End Sub

Private Sub Start_Click()
Dim antwort As Integer
antwort = MsgBox("Neues Spiel?", vbQuestion + vbYesNo)
If antwort = vbYes Then Call feldinit
End Sub

Private Sub hsc()
```

```
Dim datei As String
Dim temp As Integer
Dim dateinr As Integer
On Error GoTo fehler
datei = "high.dat"
dateinr = FreeFile
Open datei For Input As dateinr
Input #dateinr, temp
high = temp
Close
weiter:
If high = 0 Or high > zuege Then
 Open datei For Output As dateinr
 Print #dateinr, zuege
 Close
End If
Exit Sub
fehler:
high = 0
GoTo weiter
End Sub
```

3.7 Erweiterungen

In diesem Kapitel werde ich kurz erklären, wie man Sound zu unserem Spiel hinzufügt und wie man anstelle der Ziffern Bilder verwenden kann.

3.7.1 Sound

Möglicherweise wollen Sie Ihr Spiel mit Sound ausstatten. So könnten z.B. verschiedene Töne bei Finden eines richtigen Paares bzw. bei Misserfolg abgespielt werden.
Zunächst muss wieder eine Win32-API-Funktion deklariert werden. Dies geschieht im Allgemeinteil des Formulars:

Private Declare Function PlaySound Lib "winmm.dll" _
Alias "PlaySoundA" (ByVal lpszName As String, _
ByVal hModule As Long, ByVal dwFlags As Long) As Long

Lassen Sie sich von der Länge dieser Deklaration nicht abschrecken, der Aufruf ist ganz einfach. Der Unterstrich „_" ist korrekte VB-Syntax, da man eine Zeile so unterteilen kann.
Im Programm wird die Sound-Funktion folgendermaßen aufgerufen:

Call PlaySound("win.wav", 1, 0)

Platzieren Sie den Aufruf einfach an die gewünschte Stelle. Die Sounddatei (hier „win.wav") muss sich entweder im gleichen Verzeichnis wie Ihr Programm befinden, oder aber Sie verwenden absolute Pfandangaben (z.B. „C:\temp\win.wav").

3.7.2 Grafik

Nicht mehr ganz so einfach ist die Verwendung von Bilddateien anstelle von Ziffern.
Hierzu muss die Konzeption des Programms etwas geändert werden.
Zunächst einmal benötigen Sie, falls Sie die eben erstellte Version mit Bildern versehen wollen, 11 Bilddateien, 10 für die Paare und eines anstelle der schwarzen Verdeckung.
Gleichen Sie die Größe der Bilder mit Hilfe eines Grafikprogramms der Größe des Steuerelements „Feld(Index)" an.
Laden Sie in „feldinit" das Standardbild für alle Spielsteine:

For i = 0 To 19
  Feld(i).Picture = LoadPicture("verdeckt.jpg")
Next i

Anstelle der Ziffern der Caption-Eigenschaft benutzen wir jetzt die Eigenschaft „tag" zur Zuordnung der Paare.

Mit Hilfe unseres konstruierten Algorithmus mit Zufallszahlen weisen Sie den einzenen Steuerelementen Ziffern zu. Im Ergebnis würde dies dann so aussehen:

Feld(0).Tag = 7
Feld(1).Tag = 6

....

Feld(19).Tag = 7

Die Prozedur „Feld_Click(Index)" ist im Grunde genauso aufgebaut wie unsere vorherige Version.

Anstelle aber die Steine aufzudecken, was in unserem Fall ja das Verändern der Farbe auf weiß war, müssen Sie die entsprechenden Bilddateien laden.

Dies könnte so aussehen:

```
If Feld(Index).Tag = 0 Then
  Feld(Index).Picture = LoadPicture("0.jpg")
  Feld(Index).Refresh
End If
If Feld(Index).Tag = 1 Then
  Feld(Index).Picture = LoadPicture("1.jpg")
  Feld(Index).Refresh
End If
.........
If Feld(Index).Tag = 9 Then
  Feld(Index).Picture = LoadPicture("9.jpg")
  Feld(Index).Refresh
End If
```

Wenn keine passenden Paare gefunden wurden, so werden die beiden Karten wieder zugedeckt:

```
Feld(ind(0)).Picture = LoadPicture("verdeckt.jpg")
Feld(ind(1)).Picture = LoadPicture("verdeckt.jpg")
```

Beim Auffinden eines richtigen Paares wird dieses unsichtbar gemacht:

```
If Feld(ind(0)).Tag = Feld(ind(1)).Tag Then
    Feld(ind(0)).Visible = False
    Feld(ind(1)).Visible = False
    Exit Sub
End If
```

Im nächsten Kapitel gebe ich Ihnen noch Tipps zur Programmierung weiterer Spiele.

4. Weitere Spiele

Im Grunde reicht das Wissen, das Sie mit der Programmierung von Gedächtnis erworben haben, aus, selbstständig weitere kleine Spiele zu entwickeln.
Zu einigen ausgesuchten Spielen gebe ich Ihnen noch einige Tipps.

4.1 Kodefinder

Kodefinder ist ein Brettspieleklassiker und wurde ursprünglich für zwei Personen konzipiert. Der Gegenspieler denkt sich eine Kombination von 4 Farben aus insgesamt 8 Farben aus. Diese Farben können auch mehrmals vorkommen.
Der Spieler steckt nun mittels farbigen Bausteinen die Farbkombination zusammen, von der er glaubt, dass sie vom Gegenspieler vorgegeben wurde.
Der Gegenspieler gibt nun verschiedene Hinweise mittels schwarzer und weißer Stecker.
Schwarz steht für eine richtige Farbe auf der richtigen Stelle.
Weiß bedeutet, dass zwar die Farbe in der Kombination vorkommt, jedoch noch nicht an der richtigen Stelle platziert ist.
Hier ein Bild einer Umsetzung von Kodefinder:

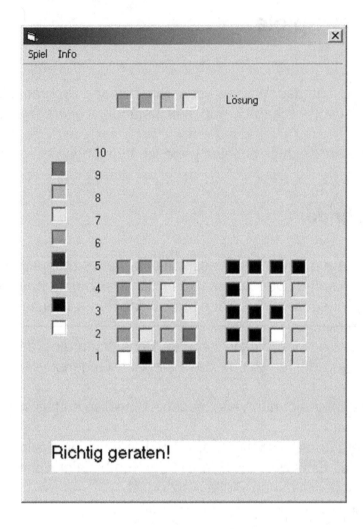

In diesem Beispiel war die richtige Farbkombination: grün-grün-blau-gelb
Sehen wir uns den 2. Rateversuch an: grün-gelb-blau-lila.

grün = schwarz, da richtige Stelle; gelb = weiß, da zwar vorhanden, aber
nicht an der richtigen Stelle; blau = schwarz, da richtige Stelle; lila = nichts,
da nicht vorkommend.

Beim 3. Rateversuch sind grün, blau und gelb an der richtigen Stelle, das
zweite blau jedoch bekommt keine Anzeige, da blau nicht zweimal vorkommt.

Der 4. Rateversuch war wieder etwas schlechter. Hier gab es nur einen
schwarzen für den ersten grünen Stift, blau und gelb bekamen je einen

weißen Stift, da sie an der falschen Stelle waren und das zweite blau wird wiederum nicht gewertet.

Wie wird dieses Spiel nun in ein Computerprogramm umgesetzt?
Das Formular besteht ausschließlich aus den Steuerelementen Picture-Box, wobei mehrere Felder angelegt wurden:
Farbe(0-7) für die auszuwählenden Farben,
Eingabe(0-3) für das Feld, auf welches der Spieler seine Farben ablegt,
Feld(0-39) für die 10 Rateversuche,
Status(0-39) für die 10 Trefferanzeigen von schwarz und weiß,
Loesung(0-3) für die Lösungsanzeige.

Die Farben sind in Dateien abgelegt. Es sind ganz einfache, farbige Icons. Weiß ist Farbe(0), und lila, also die letzte Farbe, ist Farbe(7).
Mittels Zufallsgenerator wird der 4-stellige Code gebildet:

```
For a = 0 to 3
    Loesung(a).Picture = Farbe(CInt(Rnd * 7)).Picture
Next a
```

Der Spieler zieht nun mittels Drag & Drop die einzelnen Farbicons auf die Eingabefelder Eingabe(0-3):

```
Private Sub Eingabe_DragDrop(Index As Integer, _
Source As Control, X As Single, Y As Single)
Eingabe(Index).Picture = Source.Picture
End Sub
```

Das Programm überprüft, ob richtige Farben an der richtigen Stelle platziert wurden und setzt entsprechend schwarze Stifte (Farbe(1).picture ist schwarz).
„richtig" zählt die schwarzen Farben, „z" dient zur Positionierung im Statusfeld:

```
For a = 0 To 3
    If Loesung(a).Picture = Eingabe(a).Picture Then
        Status(z + richtig).Picture = Farbe(1).Picture
```

```
      Loesung(a).Tag = True
      Eingabe(a).Tag = True
      richtig = richtig + 1
     Else
      Loesung(a).Tag = False
      Eingabe(a).Tag = False
    End If
  Next a
```

Etwas komplizierter wird es bei den weißen Stiften. Hier müssen alle anderen möglichen Kombinationen durchprobiert werden. Dies erreicht man am besten mit zwei verschachtelten Schleifen. Die weißen Stifte dürfen erst nach den schwarzen gesetzt werden. Dies wird mit dem Befehl Status(z + richtig + weiss).Picture = Farbe(0) erreicht (Farbe(0) ist weiß):

```
For a = 0 To 3
   For b = 0 To 3
    If Loesung(a).Tag = False And Eingabe(b).Tag = False Then
     If Loesung(a).Picture = Eingabe(b).Picture Then
      Status(z + richtig + weiss).Picture = Farbe(0)
      Loesung(a).Tag = True
      Eingabe(b).Tag = True
      weiss = weiss + 1
    End If
    End If
  Next b
Next a
```

Das Ende des Spiels schließlich wird bei Vorhandensein 4 schwarzer Stifte erreicht. „winner" ist eine Statusvariable, die an anderer Stelle zur Spielbeendigung abgefragt wird.

If richtig = 4 Then winner = True

4.2 Kistenschieber

Kistenschieber ist ein Denkspiel, bei dem es darum geht, Spielsteine mittels eines eigenen Steines auf vorbestimmte Felder zu verschieben. Dies kann sehr schwierig sein, da es oft nur eine einzige Handlungsabfolge mit vielen Schritten gibt.

Bei der Programmierung muss diese Handlungsabfolge nicht berücksichtigt werden. Vielmehr reicht es aus, dem Spieler ein Spielbrett mit Umrandung und verschiedenfarbigen Steinen zur Verfügung zu stellen.

Auf dem Formular habe ich ein Steuerelementfeld mit Shapes angelegt (F(0-99)). Aus Dateien, die den selben Namen wie die Levels haben (z.B. „1.dat") lade ich das Spielfeld, das sich aus weißen, schwarzen, blauen, gelben und roten Shapes zusammensetzt.

Die schwarzen Steine begrenzen das Spielfeld, auf weiß darf man sich bewegen, blau sind die zu bewegenden Steine, gelb die Zielfelder und rot der Stein des Spielers.

Zur Erstellung eines Levels habe ich mir einen kleinen Editor programmiert, der einen Level in einer Datei speichert.

Die Dateien bestehen nur aus 100 Zahlen:

```
Datei = level & ".dat"
dateiNr = FreeFile
Open Datei For Input As dateiNr
 For x = 0 To 99
  Input #dateiNr, temp
  level1(x) = temp
 Next x
Close
For x = 0 To 99 'draw field
 If level1(x) = 0 Then F(x).FillColor = vbWhite
 If level1(x) = 1 Then F(x).FillColor = vbBlack
 If level1(x) = 2 Then F(x).FillColor = vbYellow
 If level1(x) = 3 Then F(x).FillColor = vbBlue
 If level1(x) = 4 Then F(x).FillColor = vbRed
Next x
```

Die Spielsteuerung findet in der Prozedur „Form_KeyDown(Keycode)" statt.

Hier werden nur die Tastaturcodes abgefragt, die dann zu einer entsprechenden Prozedur verzweigen:

```
Private Sub Form_KeyDown(KeyCode As Integer, Shift As Integer)
'Deklarationen
If begin = False Then GoTo nokey
If KeyCode = 38 Then moveUp 'cursor up
If KeyCode = 40 Then moveDown 'cursor down
If KeyCode = 37 Then moveLeft 'cursor left
If KeyCode = 39 Then moveRight 'cursor right
If KeyCode = 27 Then getfield 'ESC
If KeyCode = &H7A Then 'F11 for cheat (level warp)
```

```
  level = level + 1
   getfield
End If
nokey:
End Sub
```

Mit <ESC> wird die Prozedur „getfield" aufgerufen, die den aktuellen Level nochmals neu aufbaut.

Hier ist beispielhaft die Prozedur „moveDown" abgebildet:

```
Private Sub moveDown()
'Deklarationen
If a + 20 > 100 Then GoTo enddown
If F(a + 10).FillColor = vbWhite Then
 a = a + 10
 F(a - 10).FillColor = vbWhite
 F(a).FillColor = vbRed
 GoTo enddown
End If
If F(a + 10).FillColor = vbYellow Then
 a = a + 10
 F(a - 10).FillColor = vbWhite
 F(a).FillColor = vbRed
 GoTo enddown
End If
If F(a + 10).FillColor = vbBlue And F(a + 20).FillColor = vbWhite Then
 a = a + 10
 F(a + 10).FillColor = vbBlue
 F(a).FillColor = vbRed
 F(a - 10).FillColor = vbWhite
 GoTo enddown
End If
If F(a + 10).FillColor = vbBlue And F(a + 20).FillColor = vbYellow Then
 a = a + 10
 F(a + 10).FillColor = vbBlue
 F(a).FillColor = vbRed
 F(a - 10).FillColor = vbWhite
```

```
 GoTo enddown
End If
enddown:
yellowcheck
wincheck
End Sub
```

Mit der Zeile If a + 20 > 100 Then GoTo enddown wird verhindert, dass der Spieler aus dem Spielfeld herausfährt.

Die erste If-Abfrage dient dazu, rote Steine auf weißem Grund zu verschieben. Aufgrund der Anordnung des Feldes befindet sich das nächste Element nach unten immer 10 Indices entfernt.

Die nächste If-Abfrage ermöglicht das Verschieben auf gelben Steinen.

Mit den nächsten beiden If-Abfragen werden die blauen Steine über weißen und gelben Grund verschoben.

Die Prozedur „yellowcheck" stellt die gelben Steine wieder her, falls auf diesen gefahren wurde:

```
Private Sub yellowcheck()
Dim x As Integer
For x = 0 To 99
 If F(x).Tag = 1 And F(x).FillColor = vbWhite Then F(x).FillColor =
vbYellow
Next x
End Sub
```

Die Position der gelben Steine ist in der Tag-Eigenschaft der Shapes F(0-99) gespeichert.

Die Prozedur „wincheck" überprüft, ob sich alle blauen Steine auf den gelben Feldern befinden. y zählt die blauen Steine auf den gelben Feldern und vergleicht sie mit „winflag", in welchem die Anzahl der gelben Felder gespeichert sind:

```
Private Sub wincheck()
'Deklarationen
Label1.Caption = "Level " & level
```

80

```
y = 0
For x = 0 To 99
 If F(x).Tag = 1 And F(x).FillColor = vbBlue Then y = y + 1
Next x
If winflag = y
  Call PlaySound("super.wav", 1, 1)
 level = level + 1
 getfield
End If
End Sub
```

4.3 Minenfeld

Minenfeld kennen Sie wahrscheinlich von Windows her. Seit vielen Versionen gehört es zur internen Spielesammlung des Betriebssystems.
Bei Minenfeld müssen in einem Spielfeld bestimmte Felder (Minen) gefunden werden. Diese werden mit einem Klick der rechten Maustaste markiert. Die umliegenden Felder geben mit Zahlen Hinweise auf die Position der Minen. Befinden sich beispielsweise 3 Minen in den 8 umliegenden Feldern eines Feldes, so ist auf diesem eine 3 eingezeichnet.

Um es vorwegzunehmen, die größte Schwierigkeit bei diesem Spiel bildet nicht die Spielfeldgestaltung, sondern das kaskadische Aufdecken von Feldern ohne Minenhinweise.

Das Spielfeld besteht wie gewohnt aus Steuerelementfeldern. Zunächst habe ich 121 Textboxen angelegt (Text1(0-120)), darüber dann 121 Command-Buttons (Command1(0-120)).

Eigentlich besteht das Spielfeld nur aus einer Fläche von 9 x 9 Elementen. Die übrigen Zeilen und Spalten sind Dummys. Mit Hilfe dieser unsichtbaren Felder kann man die Positionsbestimmung der umliegenden Minenfelder einfach bestimmen, ohne in Konflikt mit einer Überschreitung der Grenzen eines Arrays zu kommen.

Die Nummerierung der umliegenden Felder geschieht bei der Initialisierung des Feldes:

```
For i = 12 To 108
a = 0
Text1(i).Font = "Arial"
Text1(i).FontBold = True
If Text1(i - 1).Text = "X" Then a = a + 1
If Text1(i - 12).Text = "X" Then a = a + 1
If Text1(i - 11).Text = "X" Then a = a + 1
If Text1(i - 10).Text = "X" Then a = a + 1
If Text1(i + 1).Text = "X" Then a = a + 1
If Text1(i + 12).Text = "X" Then a = a + 1
If Text1(i + 11).Text = "X" Then a = a + 1
If Text1(i + 10).Text = "X" Then a = a + 1
If Text1(i) <> "X" Then Text1(i).Text = a
If Text1(i).Text = "0" Then Text1(i).Text = ""
If Text1(i).Text = "X" Then Text1(i).BackColor = vbRed
Next i
```

Der Spielablauf findet in der Prozedur „Command1_Click(Index)" statt:

```
Private Sub Command1_Click(Index As Integer)
'Deklarationen
If Command1(Index).BackColor = vbYellow Then Exit Sub
If Command1(Index).Visible = True And Text1(Index).Text = "" Then
xx = Index
 Call Cascade
End If
Command1(Index).BackColor = vbWhite
Command1(Index).Visible = False
wincheck
If Text1(Index).Text = "X" Then Call lose
If verloren = True Then Exit Sub
End Sub
```

Hier wird verhindert, dass auf bereits markierte (gelbe) Felder geklickt werden kann. Außerdem werden hier die Command-Buttons gelöscht und somit die darunterliegenden Textboxen freigelegt. Außerdem wird überprüft, ob eine Mine angeklickt wurde und es wird in die Prozedur „wincheck" gesprungen, die einen Gewinn feststellt.

Genauer gesagt überprüft „wincheck", ob alle richtigen Minen und keine falschen Minen markiert sind, und ob alle schwarze Felder angeklickt wurden.

Das Markieren von potentiellen Minen geschieht in der Prozedur „Command1_MouseDown(Index)":

```
If Button = 2 And Command1(Index).BackColor = vbBlack Then
 Command1(Index).BackColor = vbYellow  '
 bomben = bomben - 1
 Label2.Caption = bomben
 Label2.Refresh
 wincheck
 Exit Sub
End If
```

Hier ist nur ein Teil der Prozedur abgebildet. Genauso müssen umgekehrt gelb markierte Felder wieder schwarz gemacht werden können. Der Ablauf ist aber derselbe.

Zur Bewertung der Leistung des Spielers ist das Steuerelement Timer eingebaut, welche die verstrichene Zeit misst:

```
Private Sub Timer1_Timer()
Timer1.Interval = 1000
zeit = zeit + 1
Label1.Caption = zeit
Label1.Refresh
End Sub
```

Zum Abschluss soll hier noch das Verfahren abgebildet werden, wie das kaskadische Aufdecken der Felder realisiert wurde:

84

```vb
Private Sub Cascade()
'Deklarationen
Command1(xx).BackColor = vbWhite
Command1(xx).Visible = False
If Text1(xx - 11).Text = "" And Command1(xx - 11).Visible = True Then
 todo(xx - 11) = True
End If
Command1(xx - 11).BackColor = vbWhite
Command1(xx - 11).Visible = False
If Text1(xx - 10).Text = "" And Command1(xx - 10).Visible = True Then
 todo(xx - 10) = True
End If
Command1(xx - 10).BackColor = vbWhite
Command1(xx - 10).Visible = False
If Text1(xx + 1).Text = "" And Command1(xx + 1).Visible = True Then
 todo(xx + 1) = True
End If
Command1(xx + 1).BackColor = vbWhite
Command1(xx + 1).Visible = False
If Text1(xx + 12).Text = "" And Command1(xx + 12).Visible = True Then
 todo(xx + 12) = True
End If
Command1(xx + 12).BackColor = vbWhite
Command1(xx + 12).Visible = False
If Text1(xx + 11).Text = "" And Command1(xx + 11).Visible = True Then
 todo(xx + 11) = True
End If
Command1(xx + 11).BackColor = vbWhite
Command1(xx + 11).Visible = False
If Text1(xx + 10).Text = "" And Command1(xx + 10).Visible = True Then
 todo(xx + 10) = True
End If
Command1(xx + 10).BackColor = vbWhite
Command1(xx + 10).Visible = False
If Text1(xx - 1).Text = "" And Command1(xx - 1).Visible = True Then
 todo(xx - 1) = True
End If
```

```
Command1(xx - 1).BackColor = vbWhite
Command1(xx - 1).Visible = False
If Text1(xx - 12).Text = "" And Command1(xx - 12).Visible = True Then
 todo(xx - 12) = True
End If
Command1(xx - 12).BackColor = vbWhite
Command1(xx - 12).Visible = False
todo(xx) = False
Call Cascade2
End Sub


Private Sub Cascade2()
'Deklarationen
flag = False
For i = 12 To 108
 If i = 21 Or i = 22 Or i = 32 Or i = 33 Or i = 43 _
Or i = 44 Or i = 54 Or i = 55 Or i = 65 Or i = 66 _
Or i = 76 Or i = 77 Or i = 87 Or i = 88 Or i = 98 _
Or i = 99 Then GoTo sprung
 If todo(i) = True Then
 xx = i
 flag = True
 Exit For
 End If
sprung:
Next i
If flag = False Then Exit Sub
Call Cascade
End Sub
```

5. Ausblick

Vielleicht konnten Sie ja mit Hilfe der Tipps aus Kapitel 4 schon einige Spiele selber realisieren.

Zur Vertiefung Ihres Visual Basic-Wissens sollten Sie sich Nachschlagewerke anschaffen.

Mit diesen beiden Büchern habe ich gute Erfahrungen gemacht:

Kofler, Visual Basic 6, Addison Wesley, 1197 S., 49,95 EUR

Monadjemi, Visual Basic 6 – Kompendium, Markt&Technik, 1266 S. 49,95 EUR

Außerdem ist es sehr hilfreich, sich die Quelltexte anderer Programme anzusehen.

Hierfür ist das Internet das ideale Medium:

http://www.freevbcode.com

http://www.programmersheaven.com

http://www.vbarchiv.net

Und weiterhin:

Viel Spaß am Gerät!

Holger Junghardt

Anhang

Datentypen

Boolean	False/True
Byte	0 bis 255
Integer	-32768 bis 32767
Long	-2147483648 bis 2147483647
Single	-3,402823E38 bis −1,401298E-45 und 1,401298E-45 bis 3,402823E38
Double	-1,79769313486232E308 bis -4,94065645841247E-324 und 4,94065645841247E-324 bis 1,79769313486232E308
String	65535 Zeichen
Variant	numerisch: ca. Double Zeichen: bis 2 Mrd.

Operatoren

+	Addition
-	Subtraktion
*	Multiplikation
/	Division
\	Division mit ganzzahl. Ergebnis
Mod	Rest einer Division
^	Potenz
And	logisches Und
Or	logisches Oder
=	Gleichheit
<>	Ungleichheit
<=	kleiner gleich

Kontrollstrukturen

Verzweigung:

```
If Bedingung Then
   Kommando1
Else
  Kommando2
End If
```

```
Select Case Ausdruck
  Case Alternative1
      Kommando1
  Case Alternative 2
      Kommando2
  Case Else
      Kommando3
End Case
```

Schleifen:

```
For i = 1 to 10 Step 2
  Debug.Print i
Next i
Debug.Print i
```

gibt aus: 1 3 5 7 9 11

Kopfgesteuerte Schleifen

```
Do While
....
Loop
```

```
Do Until
....
Loop
```

Fußgesteuerte Schleifen

Do

....

Loop While

Do

....

Loop Until

Steuerelemente und wichtige Ereignisse/Eigenschaften

CommandButton
Ereignis:
Click   Anklicken des Buttons
GotFocus,
LostFocus   Eingabefokus
DblClick   Doppelklick
Refresh   neu zeichnen
Eigenschaften:
Caption   Beschriftung
Picture   Bitmap im Button
Style   muss für Anzeige für Bitmaps angegeben werden
Font   Zeichensatz
Enabled   aktiv
Visible   sichtbar
Tag   Zusatzinformation

Textbox und Label
Ereignisse:
Got Focus,
Lost Focus   Eingabefokus
KeyPress, KeyUp,
KeyDown   Tastaturereignis
Eigenschaften:
Text   Text in Textbox
Caption   Text in Label

Font	Zeichensatz
WordWrap	Zeilenumbruch in Label

Diese Aufführung ist keinesfalls vollständig, sondern soll nur einen kurzen Überblick bieten.
Im Zweifel hilft immer die Eingabehilfe der Entwicklungsumgebung.

www.ingramcontent.com/pod-product-compliance
Lightning Source LLC
LaVergne TN
LVHW080102070326
832902LV00014B/2387

* 9 7 8 3 8 3 3 0 0 1 4 8 2 *